Georg von Below

Das Duell in Deutschland Geschichte und Gegenwart

Georg von Below

Das Duell in Deutschland Geschichte und Gegenwart

ISBN/EAN: 9783743690035

Hergestellt in Europa, USA, Kanada, Australien, Japan

Cover: Foto ©ninafisch / pixelio.de

Weitere Bücher finden Sie auf **www.hansebooks.com**

Das Duell in Deutschland.

Geschichte und Gegenwart.

Von

Dr. Georg von Below

Zweite Auflage.

Kassel.
Verlag von Max Brunnemann.
1896.

Inhalt.

	Seite
Einleitung	1
Das Duell in Frankreich seit Heinrich IV.	2
Das Duell in Deutschland bis zum Ende des 18. Jahrhunderts	10
Das Duell in Deutschland im 19. Jahrhundert	30
Die Notwendigkeit der Beseitigung des Duells	68
Nachtrag	77

In meiner Schrift „Das Duell und der germanische Ehrbegriff" habe ich auseinandergesetzt, daß das Duellwesen nichts mit dem germanischen Ehrbegriff, nichts auch mit dem alten deutschen Rittertum zu tun hat, daß dem Germanen eine Auffassung von der angemessenen Erledigung eines Ehrenhandels eigen ist, die dem Duellstandpunkt aufs allerschärfste gegenübersteht. Das Duell taucht zuerst in den romanischen Ländern auf, in dem Vaterlande des Don Quixote, in Italien und in Frankreich. Nach Deutschland wird es erst in der zweiten Hälfte des sechszehnten Jahrhunderts eingeschmuggelt. Die folgenden Blätter wollen zeigen, wie das Duellwesen in Deutschland eindringt, welche Kreise es hier ergreift, wie der Deutsche sich in den verschiedenen Jahrhunderten zu ihm gestellt hat und welches das Verhalten der Staatsgewalt dem Duellwesen gegenüber gewesen ist. Wir führen unsere Darstellung bis in die neueste Zeit.

Das Duellwesen ist sehr oft scharf und treffend verurteilt worden. Es giebt eine große Zahl eingehender und gründlicher Widerlegungen der Duelltheorie. Auch in vielen einzelnen Aussprüchen ist der Widersinn des Duells treffend gekennzeichnet worden. Es hat auch, wenigstens in früheren Jahrhunderten, an praktischer Bekämpfung des Duellwesens nicht gefehlt.

Umgekehrt sind die Versuche der Verteidigung des Duells, die wir besitzen, außerordentlich spärlich und dürftig. Seine Verteidiger kommen über einige gespreizte Phrasen nicht hinaus. Die Verteidigungsreden, die zu Gunsten des Duells gehalten worden sind und gehalten werden, zeigen eine geradezu abschreckende innere Hohlheit. Es giebt kaum etwas unwahreres als eine Verteidigungsrede zu Gunsten des Duells.

Unter diesen Umständen fällt es auf, daß das Duell noch immer mit dem Schein der Wohlanständigkeit auftritt. Wie ist es zu erklären, daß eine Einrichtung, für die sittliche Gründe nicht angeführt werden, noch immer einen wenigstens äußerlich ehrenvollen Platz im öffentlichen Leben behauptet? Die Antwort wird uns am besten eine historische Betrachtung geben, und eben deshalb wird eine solche ein nützlicher Beitrag zur Lösung der Duellfrage sein.

Wir wollen unsere Aufgabe, wie bemerkt, für Deutschland lösen. Allein wie das Duell von den romanischen Ländern aus zu uns gekommen ist, so ist Deutschland in dieser Beziehung auch fernerhin, bis auf die neueste Zeit, noch immer von ihnen, insbesondere von Frankreich, beeinflußt worden. Es wird daher zum besseren Verständnis der Entwickelung in Deutschland dienen, wenn wir mit einem kurzen Überblick über die Geschichte des Duellwesens in Frankreich beginnen.

Das Duell in Frankreich seit Heinrich IV.

Die letzten Valois haben die Franzosen zu Duellanten erzogen. Der Hof Heinrichs III., „à la fois un lieu de prostitution et un coupe-gorge" (wie Henri Martin sagt), war ein eifrig nachgeahmtes Vorbild. Unter „le règne frivole et sanguinaire de Henri III. qui, avide, comme les femmes, d'émotions fébriles, ne donnait guère sa faveur qu'à des duellistes," entwickelte sich eine wahre Duellwut in Frankreich. Damals war es, daß Montaigne von seinen Landsleuten sagte: „mettez trois François aux déserts de Lybie, ils ne seront pas un mois ensemble sans se harceler et s'esgratigner."

Der Hof Heinrichs III., so lautet das Urteil der französischen Geschichtschreibung, hat in der ganzen mittleren und neueren Geschichte kein Analogon: man muß bis zu den verderbtesten Zeiten des römischen Altertumes hinaufsteigen, um eine gleiche Mischung von Ausschweifung und Wildheit, von Wahnsinn und leichtfertigem Blutvergießen wiederzufinden. Es bleibt ewig denkwürdig, daß gerade unter diesem Regenten das Duellwesen seine höchste Blüte erreicht hat.

Henri Martin meint, der Zweikampf sei unter Heinrich III. „comme une espèce de folie épidémique" geworden. Indessen eine geistige Epidemie ist das Duellwesen wohl überhaupt, ganz ähnlich wie der Hexenwahn. Der Satiriker Moscherosch hat schon den Zustand, von dem aus man zum Duell schreitet, als einen pathologischen geschildert. Die Wahnvorstellungen, auf denen das Duellwesen beruht, tauchen nur erst zeitlich später als der Hexenwahn auf und werden, weil sie noch bis in die Gegenwart hineinreichen, nicht genügend als Wahnvorstellungen erkannt und nicht genügend als solche bezeichnet. Immerhin ist es richtig, daß die geistige Epidemie des Duellwesens in dem Zeitalter Heinrichs III. ihren Höhepunkt erreicht, wie man ja auch von einer Blütezeit des Hexenwahns sprechen kann.

Es kann nicht auffallen, daß unter dem Nachfolger Heinrichs III. Frankreich noch ebenso von Duellen erfüllt ist wie unter ihm. Gerade das Übermaß der Mordtaten hat Heinrich IV. in der Mitte seiner Regierung genötigt, scharf gegen das Duellwesen vorzugehen. Er hat dadurch manches erreicht; sein Sohn hebt hervor, daß durch ihn „la licence des duels a été très heureusement réprimée". Allein das Übel war doch schon so tief eingewurzelt, daß selbst eine nur mäßige Einschränkung schwer durchzuführen war. So ist denn die Duellchronik noch im 17. Jahrhundert leider nur zu reich. Von den acht Jahren der Minderjährigkeit Ludwigs XIV. wird z. B. berichtet, daß der französische Adel damals mehr als viertausend seiner Mitglieder im Zweikampf verlor. Man duellierte sich ohne Grund, weil es zum Anstand gehörte, daß der vornehme Mann sich rühmen konnte, ein Duell bestanden zu haben.

Immerhin ging die Staatsgewalt seit Heinrich IV. gegen das Duellunwesen vor. Die französische Duellgesetzgebung nimmt von den Edicten Heinrichs IV. ihren Ausgang. Bei der Stellung der verschiedenen französischen Könige zu dieser Frage macht man die interessante Beobachtung, daß (was ja auch in der Natur der Sache liegt) gerade die tüchtigeren Regenten um die Einschränkung des Duells Verdienste haben. So Heinrich IV., der trotz seiner bekannten vornehmen Schwächen sich doch der Einsicht nicht verschloß, daß dem Übel Einhalt getan werden müsse. So ferner Ludwig XIV. Man kann ja gegen diesen sehr viel einwenden, und gerade wir Deutsche haben viel gegen ihn auf dem Herzen. Indessen es besteht doch kein Zweifel, daß er zu den besseren Königen Frankreichs gehört. Zum mindesten hatte er ein lebhaftes Gefühl für königliche Würde. Und eben deshalb ist es bezeichnend, daß er es nicht für königlich gehalten hat, gegenüber dem Duellunwesen die Augen zu schließen, vielmehr sehr energisch gegen das Übel eingeschritten ist. Man sollte erkennen, daß, wenn ein so von Grund aus vornehmer Herrscher wie Ludwig XIV. das Duell streng verboten hat, es gewiß nicht gegen die Vornehmheit verstoßen wird, das Duellwesen energisch zu mißbilligen. Der Schwächling Ludwig XIII. zeigte sich natürlich auch in diesem Punkte schwach. Glücklicherweise wurde seine Tätigkeit durch seinen kraftvollen Minister Richelieu ergänzt, dessen Vorgehen gegen das Duell sich durch Festigkeit und Consequenz auszeichnete. Der begabte, aber widerlich sittenlose Herzog Philipp von Orleans, der nach Ludwigs XIV. Tode die Regentschaft führte, zeigte sich in Bezug auf die Bestrafung der Duelle nachsichtig, wovon die Folge war, daß sie wieder sehr häufig wurden. Von dem unwürdigen Ludwig XV. läßt sich selbstverständlich auch nichts gutes sagen.

Die französische Duellgesetzgebung ist vielfach getadelt worden, weil sie zu streng gewesen sei, Verlust des Lebens, teilweise auch des Vermögens u. s. w. angedroht habe. Deshalb sei sie nicht recht wirksam gewesen. Man darf indessen nicht in der Strenge an sich das Hindernis der Wirksamkeit sehen. Im Gegenteil, ein sehr strenges Gesetz wird seine Wirkung nicht verfehlen, wenn es nur consequent durchgeführt wird. Wir haben aus der französischen Geschichte sogar ein Beispiel, welches direct die Schädlichkeit milder Duellgesetze beweist. Im Jahre 1626 entwarf Richelieu ein Edict, welches u. a. einfache Herausforderung mit Verlust der Ämter und Titel, halber Vermögensconfiscation und dreijähriger Verbannung bedroht. Dieses Edict wurde stricte durchgeführt. „Die Wirkung" — sagt ein neuerer Jurist — „war eine vorzügliche. Die straffe Handhabung des Edicts imponierte, und die Duelle nahmen zusehends ab. Dadurch ermutigt, glaubte Ludwig XIII. mit noch milderen Bestimmungen durchzukommen und erließ anläßlich der Geburt Ludwig XIV. (1635) eine allgemeine Amnestie. Da zeigte es sich, daß der Hang zum Duell doch noch zu tief eingewurzelt war, als daß diese Unsitte durch Milde zu beseitigen gewesen wäre. Die Duelle schossen wieder wie Pilze aus dem Boden." Es mag ferner an die in der Duellitteratur öfters wiederholte Erzählung über Gustav Adolf erinnert werden, der jedem Übertreter seines Duellverbotes die Todesstrafe angedroht hatte. Da sich zwei hohe Offiziere nun aber doch durchaus duellieren wollten, baten sie den König in einer besonderen Audienz um die Erlaubnis zum Zweikampf. Der König gewährte sie und erschien selbst auf dem Kampfplatz. Nachdem er die Duellanten aufgefordert, zu fechten, bis einer bleibe, befahl er dem Profoß, sofort dem, der den anderen töte, den Kopf abzuschlagen. Wie die beiden Offiziere das hörten, entfiel ihnen sogleich der Mut zum Duell! Man sieht also, gerade die strenge Strafe wirkt, wenn man nur sicher mit ihr rechnen muß. Es mag auch noch auf die neueste Zeit exemplifiziert werden. In unseren Tagen lieben es gewisse Leute, die in erster Linie Geld haben, zum Duell herauszufordern oder mit einer Herausforderung zu drohen. Wenn nun auf die Herausforderung Vermögensentziehung gesetzt wäre, — würde da irgend einer von diesen auch nur an Herausforderung gedacht haben?! Also die Strenge der Gesetze an sich schadet wahrlich nicht. Allerdings aber ist zuzugeben, daß manche französischen Gesetze in der Strenge zu weit gingen; so, wenn sie die bloße Herausforderung schon mit dem Tode bedrohten. Die zu große Härte der Strafe mußte den Regenten den Gedanken nahe legen, eine Begnadigung eintreten zu lassen, und häufige Begnadigungen untergraben natürlich die Wirkung eines Strafgesetzes. Indessen leider müssen wir hervorheben, daß es keineswegs blos die Rücksicht auf die zu hohe Strafe war, was die französischen Könige zu den zahllosen Begnadigungen bestimmte. In der Hauptsache war es der schwache Charakter, die Inconsequenz der Regenten, vielfach auch die Verwandtschaft in den Anschauungen mit den Duellanten. Jedenfalls waren die Begnadigungen namentlich unter den schlechteren Herrschern so unendlich häufig, daß der einzelne sich immer Hoffnung auf Befreiung von der Strafe machen konnte. Schon allein deshalb kann es nicht auffallen, wenn wir die Duellepidemie in Frankreich trotz aller Gesetze weiter grassieren sehen. Es kommen aber noch andere Momente, die das Duellwesen auch stützten, hinzu. Im 16. Jahrhundert hatte es sich zu einem wahrhaft nationalen Laster entwickelt, und besonders verhängnisvoll war es, daß der Duellstandpunkt als Kennzeichen der Vornehmheit angesehen wurde. Mehrere Generationen hindurch hatten die Vornehmen ihn vertreten —, nun glaubte man die Vornehmheit selbst mit der Aufgabe des Duellstandpunktes zu verlieren. Sodann ist die allgemeine Zügellosigkeit des französischen Adels in Betracht zu ziehen. Der französische Adel des 17. Jahrhunderts war kaum besser als der des Zeitalters Heinrichs III. Es hat selten einen Adel mit so wenig Neigung für solide Arbeit gegeben wie diesen. In seinem Müßiggang lag die Disposition für alle Laster, und ihm entsprang auch die Lust zu beständigen Duellen. Endlich bildete ein Hindernis für die Beseitigung des Duells die allmählich sich einschleichende Anschauung, daß kein Offizier, der sich nicht duelliere, im Heere bleiben dürfe. Selbst Ludwig XIV., der sonst gegen das Duell streng vorging, zeigte sich dieser Anschauung zugänglich.[1]

Die Abligen, die die französische Revolution vorfand, waren keineswegs mehr Raufbolde wie etwa die in der Zeit Heinrichs III. Im Gegenteil, sie waren nur zu sehr verfeinert. Von urwüchsiger Leidenschaft findet man bei ihnen nichts. Die Natur ist ihnen ganz abhanden gekommen. „All' diese schönen Damen und Herren, die so gut auf Teppichen gehen und so schöne Verbeugungen machen konnten, waren außer Stande, auf Gottes Erdboden drei Schritte zu tun, ohne zu ermüden." Aber das Duell haben diese zierlichen Herren beibehalten, — wie Taine so köstlich sagt: „sie sind nur an's höfliche Duell gewöhnt". Ein wundervolles und wahres, nur zu wahres Wort: „nur an's höfliche Duell gewöhnt!" Das Duell ist in der Tat in mehr als einer Hinsicht der Kampf der Salonhelden. Man kann sehr tapfer sein und sich nicht duellieren, und man kann ein erbärmlicher Feigling sein und sich duellieren!

Die Revolution fegte diese zierlichen, sich duellierenden, aber kraft- und mutlosen Herrchen fort. Taine sagt: „Kein Edelmann, den ein Jakobiner angreift, wird diesem den Schädel einschlagen; er wird sich lieber ergreifen lassen und hübsch ruhig in's Gefängnis gehen."

Wie aber stellte sich nun die Revolution zu dem Duell?

Die Revolution faßte die Absicht, das Duell zu beseitigen. Aber wie? Sollte dem souveränen Volk, das so sehr glücklich war, jetzt sich all' den Lastern hingeben zu können, die bisher Vorrecht der privilegierten Klassen gewesen waren, — sollte dem souveränen Volk jetzt die Freude geraubt werden, sich wie die Abligen des ancien régime nach Herzenslust zu duellieren? Man hatte ja die Sünden der Vornehmen nicht blos deshalb getadelt, weil es Sünden waren, sondern auch, weil man nicht selbst so sündigen konnte wie die Vornehmen. Man hatte ja die Ausbeutung des Staates durch die Vornehmen nicht blos deshalb getadelt, weil es Ausbeutung war, sondern auch, weil man selbst nicht an der Ausbeutung Teil hatte. Jetzt muß das Volk die unbedingte Freiheit, zu sündigen, haben; jetzt muß es sich auch duellieren dürfen! In der ungestörten Ausübung aller Laster äußert sich vor allem die Souveränetät des Volks!

---

[1] Der Graf von Toulose, sein Sohn, sagt: „J'ai vu le feu roi bien sévère sur les duels, mais en même temps, si dans son régiment... un officier avait une querelle et ne s'en tirait pas selon l'honneur mondain, il approuvait que l'on lui fit quitter le régiment."

Es wäre richtiger gewesen — sagt Graf Keyserling treffend —, „dies traurige Privilegium denjenigen unbeneidet und ungeteilt zu überlassen, die sich ausschließlich dazu berechtigt glaubten; aber eine falsche Standesseitelkeit und die so reizbare Rivalität gegen alles, was nur einen Schein von Standesbevorzugung an sich trägt, ließ den Bürgerstand nur eine Zurücksetzung darin sehen, worin er mit mehr Recht eine sittliche Auszeichnung für sich hätte behaupten können, und er gelangte endlich auch in den Besitz des Vorzuges, sich schlagen und schießen zu dürfen.... Es kann nun jedermann, weß Standes ... er auch sei, wenn er eine gute Erziehung genossen, seinen Schul- und Universitätscursus gut absolviert und dabei alle sozialen und sittlichen Vorzüge sich erworben hat, mit unbestrittenem Rechte verlangen, daß man ihn totschieße oder daß man sich von ihm totschießen lasse".

Und wehe der parlamentarischen Regierung, die hier eine Einschränkung zu machen sucht!

Die französische Revolution hat nicht nur den Kreis der Duellanten erweitert, sie hat das Duell auch straflos gemacht! Man fürchtete sich etwas zu tun, wodurch man sich im Publikum unbeliebt machen könnte!

Die Feigheit der revolutionären Regierung war es, welche das Duell jetzt völlig straflos ließ! In dem code pénal vom 6. October 1791 wurde ebenso wie später in dem code pénal Napoleons von 1810 das Duell mit — Stillschweigen übergangen. Dieses völlige Schweigen des code über das Duell ist, wie schon Teichmann mit Recht bemerkt hat, daraus zu erklären, daß man es „zu strafen sich fürchtete".

Napoleon war seiner persönlichen Anschauung nach kein Freund des Duells. Vor seiner realistischen Art fand eine solche Albernheit keine Gnade. Er hat es sehr treffend charakterisiert: „Falsches Ehrgefühl, welches das dem Vaterlande angehörende Leben einer elenden Privatsache opfert." Aber auf die Gesetzgebung wirkte er nicht ein. Es kam ihm nicht in erster Linie darauf an, den Staat gut zu regieren; er wollte die Franzosen für seine Zwecke gebrauchen; sonst mochten sie treiben, was sie wollten.

Auf die Herrschaft Napoleons folgte die Restauration. Das alte Frankreich zog wieder ein. Sollte es das Duellwesen vergessen haben? Keineswegs! Man hätte ja sonst ein wesentliches Stück der alten guten Zeit aufgegeben. Natürlich blieb daneben auch die Errungenschaft der Revolution bestehen: die Duelle der bürgerlichen Kreise. Wir begegnen darum jetzt einer großen Mannigfaltigkeit der Duelle. Wir finden Duelle des Adels, der Offiziere, der Beamten, der Deputierten, der Journalisten, sogar wissenschaftlicher Schriftsteller. Auch die Damen wollten nicht zurückstehen. In den Jahren 1827 und 1828 kamen Duelle zwischen Damen und Herren und zwischen Damen und Damen, auf Pistolen wie auf Degen, vor. Es herrschte wieder eine wahre Duellwut in Frankreich. Die Stadt Bordeaux wurde Jahre lang durch einen Marquis Lignano in Schrecken und Trauer gestürzt. Er beleidigte absichtlich, um zum Duell herausgefordert zu werden, und besaß dann regelmäßig das Geschick, den Gegner zu töten. Seine Schandtaten riefen einen Antiduellverein in Bordeaux hervor, der endlich dem Unwesen steuerte. Einer der gefürchtetsten Duellanten war der General Dupont, der durch die Kapitulation von Baylen dem französischen Heere in Spanien so großen Schaden zugefügt hatte.

Einen weiteren Aufschwung nahm das französische Duellwesen im 19. Jahrhundert durch die Julirevolution. Es sollen in den Jahren 1830—34 mehr Duelle stattgefunden haben als in den ersten dreißig Jahren unseres Jahrhunderts. Im Jahre 1833 wurden 90 Duelle constatiert, wovon 32 den Tod zur Folge hatten. — Als im Jahre 1830 auch die Belgier ihre Revolution machten und dabei die Eitelkeit bekundeten, es möglichst in allen Stücken so zu halten wie die Franzosen, versagten sie sich natürlich auch nicht den Luxus, das Duell zu cultivieren. Vor allem wurde jetzt auch das parlamentarische Duell nach Belgien verpflanzt.

Übrigens muß man zu Ehren der Franzosen hervorheben, daß es, wie in früheren Jahrhunderten, so auch im 19. in Frankreich genug Personen gegeben hat und noch giebt, welche die Duellwut als einen sehr zweifelhaften Vorzug ihres Volkes ansehen. Wie bemerkt, hatten die Revolution und das Kaiserreich das Duell straflos gelassen. Die Monarchie der Restauration und das Bürgerkönigtum Louis Philipp's waren auch zu dürftig, um hier etwas energisch zu tun. Der Cassationshof entschied daher constant, daß Tötungen oder Verwundungen im Duell weder ein Verbrechen noch ein Vergehen bildeten. Allein seit dem Jahre 1837 wurde es damit doch etwas anders. Damals gab der Cassationshof auf den Antrag des Generalprocurators Dupin diese Praxis auf. Freilich wurde ein consequentes Verhalten gegenüber dem Duell damit noch nicht erreicht.

In neuerer Zeit haben sich die Franzosen auf eine originelle Art geholfen. Entbehren wollen sie die Duelle um keinen Preis; je mehr Duelle, desto besser; je mehr Duelle, desto ritterlicher die Nation. Da nun aber zu viel Todesfälle ihr bedenkliches haben, so hat der praktische und gewandte Franzose die Lösung in der Aufführung von Scheinduellen gefunden. In Deutschland lacht man über diese Scheinduelle. Es ist ja richtig, daß sie albern sind. Denn wenn man Säbel oder Pistole in die Hand nimmt, so tut man es doch nicht bloß, um sie in die Hand zu nehmen. Aber ist das „solide deutsche" Duell nicht auch albern? Gewiß, noch viel alberner! Denn wenn es albern ist, wenn zwei sich in ernsthafter Pose mit dem Degen gegenübertreten, während sie sich sagen, daß sie tatsächlich eine Komödie aufführen, so ist es doch noch viel alberner, um einer Sache willen, die nachweislich sehr bequem auch auf andere Weise erledigt werden kann, gleich das Leben wegzuwerfen. Wir Deutsche haben also gar kein Recht, über die französischen Scheinduelle verächtlich die Achsel zu zucken. Die Franzosen sind wenigstens klug genug, eine Albernheit durch eine andere Albernheit aufzuheben oder wenigstens einzuschränken, während die soliden Deutschen in der soliden Albernheit, der sie nun einmal verfallen sind, auch mit ihrer ganzen Solidität stecken bleiben. Wenn die Deutschen einmal albern sind, so wollen sie darin auch etwas solides leisten. Natürlich will ich das Verfahren der Franzosen nicht als nachahmenswert empfehlen. Am besten ist es, sich von allen Albernheiten frei zu halten, — das ist der beste Ausdruck der deutschen Solidität. — Wenn übrigens heute in Deutschland vielfach die Meinung verbreitet ist, daß die Franzosen jetzt nur noch Scheinduelle aufführen, so beruht das auf vollkommener Unkenntnis. Auch heute fällt noch manches Menschenleben in Frankreich dem Duell zum Opfer. —

Die eben gegebene kurze Skizze über die Duellgeschichte Frankreichs zeigt wohl schon für sich, wie außerordentlich lehrreich die französischen Verhältnisse für die allgemeine Beurteilung des Duells sind. Es bedarf gewiß keiner besonderen Nutzanwendung. Für eine Frage aber wollen wir das Beispiel Frankreichs doch auch noch praktisch verwerten. Man hört oft die Behauptung, das Duell diene dazu, die Zahl der Beleidigungen einzuschränken. An dem heutigen Frankreich sehen wir, wie völlig verkehrt diese Ansicht ist. Hier ist (im Unterschied von Deutschland) das parlamentarische Duell üblich. Jeder, der französische Parlamentsberichte liest, weiß aber auch, daß Beleidigungen im französischen Parlamente so häufig sind wie kaum irgendwo sonst. Die Hauptduellanten, wie Cassagnac und Rochefort, sind auch die geübtesten Beleidiger. Und hieran knüpfen wir noch eine andere Lehre. Nach einer weit verbreiteten Ansicht dient das studentische Duell in Deutschland dazu, das Aufkommen des Holzcomments unter den Studenten zu verhindern. Das französische

Parlament lehrt, daß beides sich ausgezeichnet verträgt: Holzcomment und Duellwesen stehen in innerem Zusammenhange mit einander, während in den deutschen Parlamenten weder duelliert noch geholzt wird.¹⁾

Das Duell in Deutschland bis zum Ende des 18. Jahrhunderts.

Nach Deutschland ist das Duell im Laufe des 16. Jahrhunderts gekommen. Die ersten unzweifelhaften Anzeichen, daß diese „folie épidémique" auch unser Vaterland ergriffen hat, stammen aus der zweiten Hälfte des 16. Jahrhunderts. Die Fälle dieser spanisch-italienisch-französischen Krankheit sind aber jetzt noch sehr selten in Deutschland. Erst im 17. Jahrhundert mehren sie sich.

Italiener und Franzosen haben die Deutschen mit dem Duell bekannt gemacht; namentlich von Frankreich her ist es eingedrungen. Wir Deutschen sind den Franzosen sehr zum Dank verpflichtet: wir verdanken ihnen viel gutes. Aber mehr als einmal ist auch die Pest von ihnen zu uns gekommen, und so auch eben die Duell-epidemie. Die schwächliche Bewunderung des Fremden, die dem Deutschen eigen ist, hat ihn auch das am Franzosen bewundern lassen, was von Grund aus verdorben, faul, stinkend war. Mancher deutsche Dummkopf hat sich auf seine französische Narrheit und Krankheit etwas eingebildet. Weil nun die Deutschen sahen, wie schwungvoll der französische Adel des 16. und 17. Jahrhunderts das Duell handhabte, wie seine ganze sittliche Auffassung im Duellstandpunkt aufging, so hielten sie das für sehr vornehm, für das Kennzeichen abliger Gesinnung par excellence. Ihr nationales Bewußtsein war so kümmerlich, der Stolz auf das, was sie selbst besaßen, so gering, daß sie das gesunde, vortreffliche System der Ahndung von Ehrverletzungen, das in Deutschland bisher herrschte, willig dem Popanz opferten, den Romanen mit „ausgetrocknetem Gehirn" als Ehrencoder construiert hatten. Hätte der damalige deutsche Adel doch den Ehrgeiz gehabt, nichts weiter sein zu wollen als alter deutscher Adel!

---

¹⁾ Vgl. meinen Aufsatz: „Duell und Holzcomment" in den Grenzboten 1896, II, S. 294 fg.

Sein Unglück war aber, daß er die Vornehmheit nicht in alter deutscher Art, sondern in den verschiedenen französischen Krankheiten sah. Die Geschichte des Duells in Deutschland bildet auch ein Kapitel in der Geschichte dieser erbärmlichen Nachahmungen französischer Moden durch die Deutschen. Neben dieser allgemeinen Ursache der Reception des Duells in Deutschland kommen noch besondere Umstände in Betracht. In der zweiten Hälfte des 16. Jahrhunderts hatten viele Deutsche in den französischen Bürgerkriegen mitgekämpft und dort das Duell kennen zu lernen Gelegenheit gehabt. Im 17. Jahrhundert kamen die Wälschen nach Deutschland. Das zuchtlose und räuberische Gesindel der Heere des dreißigjährigen Krieges und der Reunionskriege, welches den deutschen Boden zertreten und unendliches Elend über Deutschland gebracht hat, müssen wir auch für die weitere Verbreitung des Duells in Deutschland verantwortlich machen.

So sehr aber die allgemeine Zeitrichtung und verschiedene Zeitumstände die Aufnahme und Verbreitung des Duells in Deutschland begünstigten, es ist hier doch nicht zu rechter Blüte gediehen. Teutschland war und ist noch heute für diese exotische Pflanze nicht der rechte Boden. Nie hat bei uns das Duellwesen auch nur annähernd die Rolle gespielt wie in Frankreich. Der germanische Geist widerstrebt ihm zu sehr. Der deutsche Adel, Ausnahmen abgerechnet, hat zu keiner Zeit eine so unwürdige Haltung eingenommen wie der französische. Wenn die deutschen Fürsten den Hof von Frankreich als Vorbild anstaunten, so nahmen sie sich doch wenigstens nur Ludwig XIV. zum Muster, nicht etwa Heinrich III. oder den Regenten Philipp von Orleans oder Ludwig XV.

Es scheinen auch — was ja übrigens gar nicht auffallen kann — vornehmlich Taugenichtse gewesen zu sein, welche zuerst das Duell in Deutschland praktisch betrieben. So schildert es wenigstens der Leipziger Jurist Berlich, der unmittelbar vor Ausbruch des dreißigjährigen Krieges darüber schrieb. „Bei größeren Festlichkeiten (etwa einer Hochzeit)" — sagt er — „laufen von überallher Adlige, Verschwender und andere Herumtreiber, die von fremdem Brote leben und die Krippen anderer aufsuchen, ohne Einladung herbei, erregen Streit, werfen den Zankapfel in die Mitte und provocieren zu Kämpfen und Duellen."

Wenn nach dieser Äußerung nichtige Anlässe Duelle hervorriefen, so liefert dafür weiter ein bezeichnendes Beispiel der älteste bisher nachgewiesene Fall eines Duells unter dem brandenburgischen Landabel.¹) Im Jahre 1646 wurde nämlich ein böhmischer Rittmeister Namens Caplier, der im Havellande eine vom Abel geheiratet und sich da begütert gemacht hatte, von Matthias Ludolf v. Brebow im Duell erstochen. Und weshalb? Die Akten geben an, daß die Ursache eine „liederliche" war: Herr v. Brebow hatte nämlich den Kettenhund des böhmischen Rittmeisters geschlagen! Also deshalb mußte der Rittmeister im Duell fallen und eine Witwe zurücklassen und Brebow obendrein noch eine Verwundung im Schenkel erhalten! Und weshalb mag Herr v. Brebow wohl den Kettenhund geschlagen haben? Nun, offenbar hat er ihn angebellt!

Dieser Kettenhund steht an der Spitze der ritterlichen Duellgeschichte in der Kurmark Brandenburg! Und der Fall mit dem Kettenhund muß leider auch als typisch für die weitere Entwickelung des Duells in Preußen und in dem jetzt unter Preußens Führung geeinten Deutschland angesehen werden. Denn es kommen ja Fälle jener Art noch in unseren Tagen beständig vor. Der Student, der eine Beleidigung seines Hundes oder einen im Rausche beigebrachten Bierflecken oder einen, wie er meint, länger als eine Minute auf ihn gehefteten Blick mit „Blut abzuwaschen" für notwendig hält, ist ja keine Seltenheit. Und werden solche Anschauungen nur in studentischen Kreisen vertreten? Ein Philosoph, Professor an einer der angesehensten Hochschulen des Deutschen Reichs, stellt in seinem „System der Ethik" zur Rechtfertigung des Duells unter anderm auch folgenden Satz auf: „ein bloßer Blick kann das tötlichste Gift enthalten". Wir wollen diesem Philosophen raten, in einer neuen Auflage seines Werkes jenen Satz dahin zu erweitern: „ein bloßer Blick oder ein meinem Kettenhund versetzter Schlag kann das tötlichste Gift enthalten". Gewiß kann er das! Die Frage ist nur, ob meine Ehre auf so schwachen Füßen steht, daß sie durch einen bloßen Blick oder durch einen meinem Kettenhund versetzten Schlag schon ins Wanken gerät! Ich denke, gerade eine wahrhaft vornehme Natur wird sich weder durch einen Blick noch durch einen dem Kettenhund versetzten Schlag beunruhigt fühlen. Eben jener Philosoph will „das frivole Duell, das um eines Nichts willen provociert und

---

¹) Vor einigen Jahren sind bekanntlich Protokolle und Relationen des Brandenburgischen Geheimen Rates aus der Zeit des großen Kurfürsten, eine hochwichtige Quelle, aufgefunden und in den Publicationen aus den Königlich Preußischen Staatsarchiven herausgegeben worden. Wegen der Notizen über jenes Duell (vergl. Band 55 jener Publicationen [herausgegeben von Meinardus] S. 599 und 600) kommt ihnen auch eine gewisse Wichtigkeit zu, insofern sie die ganze Lächerlichkeit des Duellwesens in grellem Lichte erkennen lassen.

angenommen wird," im Unterschied von dem berechtigten unbedingt verurteilen. Giebt es noch nichtigere Duelle als die um eines bloßen Blickes willen?

Der Fall aus dem Jahre 1646 ist aber noch in verschiedenen anderen Beziehungen lehrreich.

Derjenige, welcher zum Duell herausfordert, ist der böhmische Rittmeister. Wir dürfen es wohl nicht als reinen Zufall betrachten, daß gerade ein Soldat aus den Armeen des dreißigjährigen Krieges an dem ersten bisher nachgewiesenen Duell eines märkischen Adligen beteiligt ist. Wer weiß, von welchem saubern Franzosen oder Italiener sich der böhmische Rittmeister die Grundsätze des neuen „Ehrencodex" angeeignet hat!

Bredow, der den Rittmeister im Duell erstach, floh oder ließ wenigstens verbreiten, daß er „weg sei" —, die Akten lassen nicht deutlich erkennen, ob er wirklich geflohen. Leider hat dies doch sehr unritterliche Verfahren, sich der Verantwortung durch die Flucht zu entziehen, auch fortan Nachahmung gefunden.

Die hinterlassene Witwe des Rittmeisters war noch nicht von der blutleeren Gleichgiltigkeit moderner Ritterfrauen angekränkelt, welche ruhig die Hände in den Schoß legen, wenn ihr Gatte im Duell gefallen ist, und sich damit trösten, daß er einen Ehrentod gestorben. Sie wandte sich schleunigst an die Regierung und verlangte „Inquisition durch den Fiscal". Sie war eine aus dem eingesessenen havelländischen Adel. Wage niemand, ihre Handlungsweise als unadlig zu bezeichnen! Sie bewies dadurch nur, daß sie das Herz auf dem rechten Fleck hatte. Will man sie tadeln, weil sie sich dem „Ehrencodex" unzugänglich zeigte, den das ausgetrocknete Gehirn der spanischen Ritter von der traurigen Gestalt ersonnen hatte? Übrigens konnte ihr die Regierung den besten Bescheid geben. Sowie der brandenburgische Kanzler von dem Duell erfahren, hatte er im Geheimen Rat davon Mitteilung gemacht. Der Täter war auch schon trotz seiner angeblichen oder wirklichen Flucht nach Spandau eingeliefert. Und es war ebenfalls schon dem Fiscal der gewünschte Befehl erteilt worden.

Die Lehren, die wir aus dem Fall mit dem Kettenhund ziehen können, sind aber noch nicht erschöpft. Bekanntlich liebte es der vormärzliche Liberalismus, jeder Art der Monarchie, die nicht gerade constitutionell war, etwas anzuhängen. So wurde denn auch das Duellwesen gebraucht oder vielmehr mißbraucht, um daraus für die Monarchie des 16., 17. und 18. Jahrhunderts einen Strick zu drehen. Ein Vertreter des vormärzlichen Liberalismus sagte: „Der

Begriff der männlichen Ehre und Selbständigkeit, mit dem Kampfrecht aus dem Staatsleben vertrieben, flüchtet sich jetzt (d. h. unter dem Druck des ancien régime) in engere Kreise. ... Mochte Staat und Kirche das Duell ächten, die Ehre war nun einmal die eigentliche Religion der germanischen Völker. ... Dies ist das historische Recht des Duells, als Schutz der Persönlichkeit gegenüber dem ancien régime. ... In einer Zeit, welche dem Staatsinteresse die Achtung vor der individuellen Freiheit opferte, ... erhielt dieselbe Gesinnung, welche das Duell conservierte, auch eine gewisse Achtung vor männlichem Mut und männlicher Selbständigkeit in den Kreisen, in welchen Geradheit und männlicher Sinn sonst (d. h. ohne das Duell!!) der Niedrigkeit und Intrigue verfallen sein würden." Nun vergleiche man einmal mit diesem Urteil die Geschichte mit dem Kettenhund und den oben mitgeteilten Bericht des Berlich! Voilà! Ohne das Duell würde also die „Geradheit" und der „männliche Sinn" des böhmischen Rittmeisters „der Niedrigkeit und Intrigue verfallen sein"! „Der Begriff der männlichen Ehre und Selbständigkeit flüchtet sich jetzt in engere Kreise", — diese „engeren Kreise" sind die von Berlich beschriebenen Verschwender und Herumtreiber, die auf anderer Leute Kosten prassen! „Die eigentliche Religion der germanischen Völker" ist die „Ehre", im Sinne des „Ehrencoder", nie und nimmer gewesen. Wohl aber mag die „Ehre" im Sinne des „Ehrencoder" die eigentliche und einzige Religion jener Prasser und jenes Böhmen, der sich in die Mysterien des „Ehrencoder" vielleicht von einem Franzosen oder Italiener hatte einweihen lassen, gewesen sein!

Kehren wir indessen zu dem regelmäßigen Gange unserer Betrachtung zurück.

Wie vorhin bemerkt, war das Gefühl für das, was gutes deutsches Herkommen war, in der Zeit, als das Duell in Deutschland einbrang, sehr wenig entwickelt. Es wäre aber doch merkwürdig, wenn es ganz gefehlt hätte, wenn die Quellen gar keine Äußerungen darüber enthielten, daß die Deutschen den neuen Ehrencoder als Gegensatz ihrer alten Anschauungen empfunden hätten. Und es sind solche Äußerungen tatsächlich vorhanden. Wir finden sie in den „Gesichten Philanders von Sittewalt" des Satirikers Moscherosch.[1] Wir finden sie ferner in einem Edict des Kaisers Matthias vom Jahre 1617, das auch deshalb genannt zu werden verdient, weil es

---

[1] Ich habe die bezeichnendsten Stellen angeführt in meiner Abhandlung: „Zur Entstehungsgeschichte des Duells", Index lectionum der Akademie zu Münster i. W. für das Wintersemester 1896/97, S. 28 fg.

zu den ältesten deutschen Duellverboten überhaupt gehört. Der Kaiser erwähnt darin zunächst, daß adlige und andere Personen „verbotene kämpfe, duell und bulgereien anstellen, als wann sie über ihre oft von geringer ursache herrührende händel keine oberkeit erkenneten". Er hebt dann hervor, daß dadurch „adelicher geschlechter und anderer tapferer personen unzeitige vertilgung, deren conservation uns billig angelegen," herbeigeführt wird. Dieser sehr nahe liegende und nur zu wahre Gedanke, daß das Duell den Adel ruiniert, scheint leider dem 19. Jahrhundert ganz fremd zu sein! Manche alte Adelsfamilie würde noch blühen, wenn man nicht das Duell für ein Kennzeichen des Adels gehalten hätte! Der Kaiser fährt dann weiter fort: Durch die Duelle wird „das ziel und ende der ritterlichen und adelichen tugenden, auch alten deutschen redlichkeit, welche in diesen excessen gar nicht, sondern in der erbarkeit und erlaubten tapferkeit bestehet, (die) wir auch viel mehr in solchem gebührlichem stande fortzupflanzen als zu sperren bedacht sein, mit nichten erhalten, ja nichts mehrers als noch mehrere mordthaten verursachet". Das mit diesen Worten ausgesprochene historische Urteil trifft vollkommen zu. Man bedurfte aber gewiß zu Kaiser Matthias' Zeit noch gar keiner historischen Kenntnisse, um einzusehen, daß das Duell mit dem, was in Deutschland von alters her zu den „ritterlichen und adeligen Tugenden", zur „alten deutschen Redlichkeit" gerechnet worden war, nichts zu tun habe. Die Deutschen jener Zeit konnten noch deutlich erkennen, wie das Duell erst allmählich in Deutschland seinen Einzug hielt. Und daß sie es tatsächlich erkannten, daß sie tatsächlich noch in der ersten Hälfte des 17. Jahrhunderts das Duell als etwas neues, als eine importierte fremde Pflanze empfanden, dafür können uns jene Äußerung des Kaisers Matthias und die Schilderung des Moscherosch als Zeugnis dienen. Inzwischen hat man es vergessen, daß das Duell in Deutschland eine fremde Pflanze ist! Wenn ein deutscher Staatsmann des 19. Jahrhunderts sich über das Duell äußert, dann kann er nicht recht den Mut fassen, es entschieden zu verurteilen, — es sei doch nun einmal ein Erbstück der alten deutschen Gewohnheiten, der „alten deutschen Redlichkeit", der alten „ritterlichen und abligen Tugenden"! Wovon man im 17. Jahrhundert noch wußte, daß es antideutsch ist, das hält man im 19. für urdeutsch! O diese Unwissenheit des 19. Jahrhunderts! Man erklärt für „alte deutsche Redlichkeit" das, was sich erst seit dem 16. Jahrhundert nach und nach vom Hofe Heinrichs III. von Frankreich — „à la fois un lieu de prostitution et un coupe-gorge" — her in Deutschland eingeschlichen hat!

Mag es sich übrigens mit der Frage, ob die Deutschen im 17. Jahrhundert noch ein Bewußtsein von dem Gegensatz des Duells zu der „alten deutschen Redlichkeit" gehabt haben, so oder so verhalten, — jedenfalls haben die Regierungen damals keinen Zweifel darüber gelassen, daß sie das Duell entschieden mißbilligten.

Die Zahl der deutschen Duellverbote ist sehr groß, und sie beginnen auch schon recht früh. Im allgemeinen darf man sagen, daß, sobald das Duell in Deutschland auftaucht, es auch bestraft wird. Für die spätere Duellgesetzgebung ist von besonderer Wichtigkeit ein Gutachten, das dem Kaiser Leopold I. vom Reichstag im Jahre 1668 vorgelegt wurde. Obwohl es trotz kaiserlicher Bestätigung nie formell publiciert worden ist, also als gemeines Recht nie Geltung erlangt hat, wurde es doch in mehreren Territorien als Particulargesetz aufgenommen oder gab zu mehr oder weniger mit ihm identischen Duellmandaten Anlaß. Dieses Gutachten steht teilweise unter dem Einfluß der französischen Duellgesetze, und so finden wir auch in jener Particulargesetzgebung französischen Einfluß (teilweise directen, nicht durch das Gutachten von 1668 vermittelten). Nachdem uns Frankreich mit der „folie" des Duells beschenkt, hat das Muster der französischen Gesetzgebung uns wenigstens etwas dabei unterstützt, die folie in engere Schranken zu weisen. — Ob bei den deutschen Duellverboten vor dem Jahre 1668 auch schon eine Beeinflussung durch die französische Gesetzgebung stattgefunden hat, ist bisher noch nicht untersucht worden.

Die sämtlichen deutschen Duellgesetze zeichnen sich nun, bis zum Ende des vorigen Jahrhunderts, zunächst dadurch vor den bezüglichen Äußerungen der Staatsgewalt des 19. Jahrhunderts aus, daß sie das Kind mit dem rechten Namen nennen. Kaiser Matthias bezeichnet in jenem Edict von 1617 das Duell als „ein ganz unzeitiges, unrechtmässiges, vermessenes, blutiges selbgericht und eigenwilligen austrag". Er trägt kein Bedenken, zu erklären, daß durch die Duelle „nichts mehrers als noch mehrere mordthaten verursachet" werden. Ganz gewöhnlich ist es, daß in den Duellmandaten „duellieren" und „balgen" zusammengestellt werden. Ein Edict für das Herzogtum Jülich=Berg von 1692 sagt: „Während der Beleidigte sich bei der ordentlichen Obrigkeit angeben und den rechtlichen Ausspruch abwarten soll, finden sich dennoch unruhige, friedhässige und mutwillige Leute, welche allenthalben, wohin sie kommen, und bei Gastmahlen, Spielen und anderen freundlichen

Zusammenkünften¹) oder sonst allerhand unverantwortliche Tathandlungen mit Worten und Werken anzurichten, zu schlagen und zu fechten Ursache suchen und die ganze Gesellschaft mit ihrem Gezänk, Haber und Ausfordern ärgern und beunruhigen"; es werden deshalb „alle eigentätige Ein= und Überfälle, Rumor und Raufhändel, Balgereien, Schlägereien, Duelle" u. s. w. bei Leibes- und Lebensstrafe verboten. König Friedrich Wilhelm I. von Preußen stellt in seinem Edict von 1713 „Excesse, Ausforderungen, Duelle und Raufhändel" zusammen.²) Die Beispiele, daß das Duell diese Beurteilung fand, ließen sich noch bis ins ungemessene vermehren. In unserer Zeit dagegen können sich die Staatsmänner nicht mehr zu einem wahren Wort über das Duell ermannen, während sie andere Untaten sehr derb und sehr treffend zu charakterisieren wissen.

In Bezug auf die Bestrafung der Herausforderung stehen die alten Duellgesetze in nicht weniger scharfem Gegensatze zu der Auffassung des 19. Jahrhunderts. Mehrere Edicte bedrohen die einfache Herausforderung mit der Todesstrafe. Andere verhängen nicht diese, aber doch sonst schwere Strafen. Ziemlich regelmäßig begegnet als Strafe für einfache Herausforderung (neben anderen Strafen, wie Gefängnisstrafen und Geldbußen) der Verlust der Ämter. So bestimmt z. B. ein Edict des Fürstbistums Münster von 1658, daß der Herausforderer sowohl wie der zum Zweikampf sich stellende und die Secundanten ihre Würden und Ämter sowie die Fähigkeit zu deren künftiger Bekleidung, nebst willkürlicher Strafe, auch dann verwirkt haben sollen, wenn gar keine Verwundungen vorgekommen sind. Nach dem Edict von Jülich=Berg vom Jahre 1692 ferner soll der Herausforderer, „obgleich hernach kein wirkliches Duell folgt, aller seiner Chargen und Bedienungen verlustig sein, auch je nach

---

¹) Als Commentar vergleiche man hierzu, daß von den Duellen mit tötlichem Ausgang, von denen die Zeitungen in Preußen im letzten Winter berichteten, eines durch einen Streit auf einem Festmahl zur Erinnerung an den 18. Januar 1871, eines (oder zwei) durch einen Streit auf einem Maskenball, eines durch einen Wortwechsel hervorgerufen ist. Im Winter kommen regelmäßig mehr Duelle als im Sommer vor, weil es im Winter — mehr Geselligkeit giebt! Die Sache ist also ganz dieselbe wie früher, der Unterschied nur der, daß man heute die Tötung in einem solchen Falle als etwas ehrenhaftes anstaunt.

²) Er sagt ferner in diesem Edict, er erwarte, daß seine Offiziere und Untertanen vielmehr in der Bravur und Tapferkeit gegen seine und des Vaterlandes Feinde als in unnützen Händeln und Duellen die Ehre eines rechtschaffenen Soldaten zu erwerben sich bemühen werden.

ben Umständen mit einer ansehnlichen Geldbuße oder hartem Gefängnis bestraft, derjenige aber, der keine Ämter hat, zu dreijährigem Gefängnis condemniert und des Genusses seines Besitzes zu landesherrlicher freier Disposition gänzlich beraubt, derjenige aber, der keine Mittel hat, zu sechsjähriger Festungsarbeit verdammt werden"; die gleichen Strafen treffen den herausgeforderten, wenn er die Herausforderung annimmt, und auch schon, wenn er es unterläßt, von ihr der Obrigkeit Mitteilung zu machen.[1]) Im wesentlichen dieselben Bestimmungen enthalten die brandenburgisch-preußischen Duellgesetze von 1688 und 1713. Diese Edicte sind, wie ihr Wortlaut deutlich erkennen läßt, in erster Linie für die Kreise der Offiziere bestimmt. Damals also verlor der Offizier seine Charge, wenn er zum Duell herausforderte. Heute verliert er sie, wenn er nicht zum Duell herausfordert. Heute steht sogar Verlust der Charge auf Anrufung des ordentlichen Gerichts. Heute sagt der Staat dem Offizier: „meine gerichtlichen Einrichtungen sind ganz miserabel; ein anständiger Mensch benutzt sie für schwierigere, feinere Fälle (wie es Ehrensachen sind) nicht; oder er benutzt sie wenigstens nur dann, wenn er Streit mit Personen hat, die nicht den ‚besseren Kreisen' angehören; wenn Du sie zu benutzen wagst, so wirst Du mit Verlust Deiner Charge bestraft". Früher hat der Staat für so minderwertig seine Einrichtungen nicht gehalten! Früher setzte er auf Nichtbenutzung seiner Einrichtungen Chargenverlust!

Wirkliche Ausführung des Duells bestrafte das brandenburgische Edict von 1688 und das für Jülich-Berg von 1692 mit der Hinrichtung, und zwar auch in dem Fall, wenn das Duell nicht tötlich ist. Das Edict König Friedrich Wilhelms I. verhängt Todesstrafe nur bei tötlichem Ausgange des Zweikampfes. Bei nicht tötlichem Ausgange werden die „Honoratioren" zu zehnjährigem Gefängnis (zwei Jahre bei Wasser und Brot), die „geringeren" zu achtjährigem Festungsbau, außerdem aber mit Einziehung der Revenuen (beider Duellanten) für die Zeit der Haft und natürlich auch „mit völliger Entsetzung ihrer Chargen, Beneficien, Dignitäten, Functionen und Dienste" bestraft. Einziehung der Revenuen, ganze oder teilweise, dauernde oder zeitweise Confiscation des Vermögens spielt überhaupt in den Duellmandaten als Zusatzstrafe eine große Rolle. Wir wollen noch die Bestimmungen des allgemeinen preußischen Landrechts,

---

[1]) Friedrich der Große bestimmte im Jahre 1780, daß auch alle Ärzte von jedem Duell, von dem sie bei Ausübung ihrer Praxis Kenntnis erhielten, der Obrigkeit Anzeige machen müßten.

welches die alte Zeit abschließt, anführen. Nach diesem trifft, wenn keine Tötung erfolgt, die Parteien neben dem Verlust ihres Adels und der Ehrenstellen zehnjährige bis lebenslängliche Festungsstrafe. Bei tötlichem Ausgang wird der überlebende je „nach Beschaffenheit seines Vorsatzes" mit der Todesstrafe der Mörder (Hinrichtung durch das Rad) oder der der Totschläger (Hinrichtung durch das Schwert) belegt. Wer sich der Bestrafung durch die Flucht entzieht, dessen Vermögen wird für die Dauer seines Lebens confisciert, sein Bildnis am Schandpfahl angeschlagen.

In dem preußischen Edict von 1713 macht Friedrich Wilhelm I. eine Ausnahme zu Gunsten des Duells, nämlich wenn ein preußischer Offizier im Auslande von Fremden herausgefordert wird. Das Edict verbietet zwar zunächst den preußischen Offizieren, im Auslande irgend welche Händel und Duelle anzufangen. „Wenn sie aber" — fährt es fort — „von Fremden, die nicht preußische Untertanen sind, im Auslande aus übermäßigem Kitzel und Mutwillen an ihren Ehren touchiert, angegriffen und so in Duelle verwickelt werden, so wird bei dergleichen unvermeidlichen Rencontres und Duellen der Verbrecher nicht als ein Duellant bestraft. Indessen wenn dabei eine Entleibung geschieht, so wird er pro ratione delicti nach Disposition der gemeinen Rechte billig bestraft; denn" — so lauten die königlichen Worte — „über vergossenes Menschenblut werden wir niemals dispensieren, sondern es allein dem rechtlichen Ausspruch überlassen."

In den Gesetzen, welche das Duell verpönen, sorgen die Monarchen des 17. und 18. Jahrhunderts meistens zugleich dafür, daß Ehrverletzungen genügend und auf ordnungsmäßigem Wege geahndet werden. So bestimmt Kaiser Matthias in seinem Edict von 1617: „damit alle Injurien um so mehr verhütet bleiben und der Billigkeit gemäß ernstlich abgestraft werden, sollen die Obrigkeiten in Injuriensachen sogleich mit zuziehung schiedlicher leute die missverstände alsbald vergleichen und hinlegen oder aber darüber summarissimo processu erkennen, damit den injurirten . . . gebührende satisfaction aufs schleunigste wiederfuhre". Nebenbei, man beachte, daß Kaiser Matthias unter „Satisfaction" etwas ganz anderes verstand als das, was heute technisch darunter verstanden wird! Nun ist es von großem Interesse, zu bemerken, daß in den Duellgesetzen, welche das Injurienwesen regeln, gerade die eigentümlichen Injurienstrafen des deutschen Rechts (Widerruf, Abbitte, Ehrenerklärung, öffentliche Bestrafung, wie Gefängnis und Geldstrafe) genannt werden. Also: dem Standpunkt, Ehrenhändel auf dem

Wege des Duells zu erledigen, steht als Gegensatz gegenüber die alte deutsche Sitte! In der neueren Litteratur wird oft die Fabel vorgetragen, mit der Reception des römischen Rechtes sei der Versuch gemacht worden, den Teutschen die römisch-rechtlichen Anschauungen über die Bestrafung von Ehrverletzungen aufzubrängen; sie hätten aber an der alten deutschen Sitte des Duells festgehalten. Nichts von all' dem ist wahr! Gerade das Duell ist es, was von auswärts kommt. Das Duellwesen hat die alte deutsche Sitte zu verdrängen gestrebt. Die Reception des römischen Rechtes hat uns in diesem Punkte nichts getan. Aber der „folie" des Duells, der vom Hofe Heinrichs III. von Frankreich — „un lieu de prostitution et de coupe-gorge" — her eingebrungenen wälschen Narrheit verdanken wir es, daß die alte deutsche Sitte in manchen Kreisen Teutschlands fast verschwunden ist. Das Duellwesen ist nicht dem deutschen Ehrbegriff entsprungen, sondern es hat im Gegenteil dazu beigetragen, in manchen Kreisen die gesunden, die specifisch deutschen Anschauungen über Ehre und Sühne von Ehrverletzungen zu zerstören!

Wenn nun, wie wir sehen, die Regierungen der alten Zeit über ihre energische Verwerfung des Duells keinen Zweifel ließen, so müssen wir hierbei berücksichtigen, daß damals so gut wie heute das Duell als etwas vornehmes galt. Wenigstens seit dem Ende des 17. Jahrhunderts wird es wohl dieselbe Stellung in der vornehmen Welt gehabt haben wie heute. Trotzdem besaßen die Regierungen den Mut, das Duell nach seiner wahren Natur zu bezeichnen und mit energischen Strafen zu belegen. Diese Entschiedenheit, dieser gesunde Sinn für das, was im Staatsleben notwendig ist, steht in wohltuendem Gegensatz zu dem heutigen Verhalten. Heute zeigt man eine gar zu große Ängstlichkeit, die Sache mit ihrem wahren Namen zu nennen. Heute stellt man nur die mildesten Strafen für die Übertretung der Duellverbote in Aussicht. In einigen Ländern hat man sogar das Duell überhaupt nicht zu bestrafen gewagt.

Es kommt nun freilich bei allen Strafgesetzen, strengen wie milden, darauf an, ob sie consequent durchgeführt werden. Erst die Art ihrer Anwendung bestimmt ihre Wirkung. Wir haben daher zu fragen, ob die Duellgesetze des 17. und 18. Jahrhunderts consequent durchgeführt oder durch so massenhafte und weitgehende Begnadigungen, wie sie von mehreren Regenten Frankreichs beliebt wurden und wie sie heute in den Staaten des europäischen Continents üblich sind, paralysiert worden sind. Die Antwort hierauf ist nicht ganz leicht zu geben. Die deutschen Historiker interessieren sich — im Gegensatz zu den französischen — so wenig für die Geschichte des Duells, daß sie eingehende Studien über die Anwendung der Duellgesetze nicht angestellt haben. Ich vermag deshalb jene Frage nicht vollständig zu beantworten, sondern nur einzelne Beiträge zu ihrer Beantwortung zu liefern. Zunächst möchte ich mich auf ein Edict des großen Kurfürsten vom Jahre 1652 berufen. Dieses war hauptsächlich dadurch veranlaßt worden, daß Personen aus den kaiserlichen und kursächsischen Territorien auf brandenburgisches Gebiet übertraten, um daselbst ihre Duelle auszufechten. Und zwar taten sie das, weil, wie das Edict sagt, in den kaiserlichen und kursächsischen Territorien „die Duelle und Schlägereien verboten und mit Ernst darüber gehalten wird und sie daher dort selbige auszuführen nicht vermögen". Hieraus geht also unzweideutig hervor, daß die kaiserliche und die kursächsische Regierung in ihren Grenzen des Duells Herr zu werden wußten. Wenn andererseits die Kaiserlichen und die Kursachsen Brandenburg zur Ausfechtung ihrer Duelle aufsuchen und für die Kurmark erst im Jahre 1652, d. h. wesentlich später als in den kaiserlichen und kursächsischen Landen, ein Duelledict erlassen wird, so folgt daraus noch keineswegs, daß etwa der große Kurfürst bis dahin dem Duell geneigt war. Denn daß er es schon vorher als strafbar ansah, wissen wir ja von dem Falle mit dem Kettenhund her, aus dem Jahre 1646. Er geht ferner in dem Edict von 1652 sogleich energisch gegen das Duell vor (belegt nicht blos die Duelle, sondern auch die Herausforderung und Zuschickung der Cartellbriefe mit Leibes- und Lebensstrafe). Die Erklärung für das späte Erscheinen des brandenburgischen Duellverbots kann nur darin gefunden werden, daß in Brandenburg bisher nicht in dem Maße wie anderswo das Duellunwesen zu einer Landplage geworden war. Das Edict von 1652 giebt selbst diese Erklärung an die Hand.[1]) Die späte Verbreitung des Duells in den Marken kann auch gar nicht auffallen, da es ja von Süden (Italien) und von Westen (Frankreich) her nach Deutschland eindrang. Der Nordosten Deutschlands mußte daher am längsten von der Epidemie verschont bleiben.

---

[1]) Der Kurfürst sagt in dem Edict, er habe vernommen, daß „nicht allein nach dem geschlossenen Frieden (d. h. von 1648!) viele abgedankte junge Gesellschaft, sondern auch viele andere unbändige Leute sich finden, welche allenthalben, wohin sie kommen, zu schlagen und zu fechten Ursache suchen". Er führt also (wenigstens teilweise) die häufigen Friedensstörungen auf die eben erst entlassenen Soldaten zurück. Übrigens kamen diese nicht etwa erst jetzt auf den Gedanken sich zu duellieren. Es blühte vielmehr, wie wir aus anderen Quellen wissen, in den Armeen des dreißigjährigen Krieges selbst das Duellwesen. Der Unterschied ist aber der, daß das, was bisher innerhalb der Armeen geschah, jetzt in die friedlichen Kreise getragen wurde.

Einen anderen Beweis für die (wenigstens verhältnismäßig) stricte Durchführung der Duellgesetze möchte ich darin sehen, daß viele Edicte den Versuch der Duellanten, sich der angedrohten Strafe durch die Flucht zu entziehen, besonders und eingehend berücksichtigen. Offenbar ist daraus zu schließen, daß der Fall oft vorgekommen ist (was übrigens auch durch einzelne Erzählungen belegt wird). Fliehen wird aber nur der, der eine unangenehme Strafe zu fürchten hat. In Frankreich hört man in der Zeit, wo die massenhaften Begnadigungen an der Tagesordnung waren, nicht von häufiger Flucht der Duellanten; sie hatten es eben nicht nötig zu fliehen. In unserem Jahrhundert sind, bei seinen milden Duellstrafen, in Deutschland die Fluchtversuche der Duellanten sehr selten geworden. Sie kamen noch vereinzelt vor, so lange die Begnadigungen sich noch in mäßigen Grenzen hielten, so lange jemand wenigstens noch zwei Jahre Festungshaft zu fürchten hatte. Heute, wo jeder nach wenigen Monaten oder gar Wochen in Freiheit gesetzt wird, flieht nur der noch, dessen Sache durch andere Dinge compliciert geworden ist.[1]) Dagegen wird sich die häufige Flucht der Duellanten im 17. und 18. Jahrhundert aus der Furcht vor der verhältnismäßig consequenten Anwendunng der Strafe erklären.

Nun will ich selbstverständlich nicht behaupten, daß die Monarchen jener Zeit nie Begnadigungen eintreten lassen oder sonst ein Auge zugedrückt haben. Gewis wird es vorgekommen sein. Es giebt eine Anekdote von Friedrich dem Großen. Ein preußischer Hauptmann war nach dem Gesetze wegen Zweikampfs zum Tode verurteilt worden. Am Tage vor der Exekution erklärte der König dem die Gefängniswache commandierenden Offizier, er werde ihn mit 24 Stunden Arrest bestrafen, wenn ihm der Hauptmann in der Nacht entwische. Der Offizier verstand den Wink und ließ den Hauptmann entfliehen. Wenn diese Anekdote wirklich wahr ist, so würde sie doch noch immer beweisen, daß Friedrich der Große sich zum Duell bei weitem nicht so günstig stellte, wie es heute Brauch ist. Denn zunächst deutet

---

[1]) In neuester Zeit ist ein Fall dieser Art vorgekommen, der an Unritterlichkeit wohl alle bisherigen Fälle übertrifft. Vgl. „Akademische Revue" (herausgegeben von P. v. Salvisberg), Jahrgang II, S. 86: „In Berlin fordert ein Corpsstudent, in seiner Ehre gekränkt, den Gegner auf Pistolen, knallt, wird zu Festungshaft verurteilt und entzieht sich dann, unter Hinterlassung zahlreicher und keineswegs saubererer Schulden, seiner Inhaftierung wegen — Unterschlagung durch die Flucht. Der ritterliche Mann hatte die gleichen Pistolen, welche er zur Wiederherstellung seiner Ehre gebrauchte und welche fremdes Eigentum waren, — versetzt!"

die Anekdote an, daß die vom König geübte Nachsicht keineswegs Regel war. Sodann ist die günstige Situation, in die der Hauptmann durch die Nachsicht des Königs kommt, doch nur die Möglichkeit zur Flucht; er muß sich aus dem Staube machen, d. h. außer Landes gehen; er verliert also mindestens seine Charge.[1]

Um den Nutzen der Duellgesetze des 17. und 18. Jahrhunderts würdigen zu können, müssen wir uns gegenwärtig halten, daß damals in Deutschland genug Disposition für eine reichere Entwickelung des Duellwesens vorhanden war. Die Zerrüttung der gesellschaftlichen und sittlichen Verhältnisse, die der dreißigjährige Krieg herbeigeführt hatte, die Sucht ferner, alles französische nachzuahmen, endlich der damalige Zustand der Heere schufen einen Boden, auf dem die Epidemie wohl eine beängstigende Ausdehnung hätte gewinnen können. Wenn auch der deutsche Volkscharakter an sich dem Duell abgeneigt ist, so können doch Zeitverhältnisse und Zeittendenzen den guten Fond eines Volkes recht gründlich verderben. Daß wir vor dieser Gefahr bewahrt geblieben sind, daß sich Deutschland trotz aller Ungunst der Zeitverhältnisse und Zeittendenzen relativ rein von der Duellwut gehalten hat, dafür sind wir gewiß zum großen Teil den Regierungen zu Dank verpflichtet, die den Mut hatten gegen das Duellwesen energisch vorzugehen.

Das Haupthindernis für eine radikale Ausrottung des Duells bildete die allmählich — zweifellos nach französischem Vorbild — einbringende Anschauung, daß der Offizier und ebenso der Student, der sich nicht duelliere, aus seinem Verbande ausgestoßen werden müsse.

Wann diese verhängnisvolle, recht eigentlich unsittliche Anschauung in die preußische Armee eingedrungen ist, vermag ich nicht mit Bestimmtheit zu sagen. Es scheint, daß sie schon um die Wende des 17. und 18. Jahrhunderts vorhanden war.[2] Indessen wurde doch damals nicht (wie heute) bloß der mit dem Verlust seiner Charge bestraft, der das Duell ablehnte, sondern auch der, der es annahm.

---

[1] Man muß jedenfalls festhalten, daß die Monarchen damals die Nachricht von einem Duell regelmäßig mit Unwillen aufnahmen. Vgl. Haake, „Brandenburgische Politik und Kriegführung in den Jahren 1688 und 1689" (Kassel 1896), S. 144 fg. Noch Justus Möser bezeichnet die Duellgesetze als ganz eigentlich von den Fürsten ausgehend.
[2] Viel älter ist sie jedenfalls nicht, und das verdient auch Beachtung. Man ersieht daraus von neuem, daß gewisse Anschauungen über das Duell, die heute für uralt gelten, tatsächlich doch recht jung (wenigstens in Deutschland) sind und eben deshalb um so leichter wieder verbannt werden können.

Denn das Duellebict von 1713, das von Friedrich dem Großen bestätigt wurde, setzt ja schon auf die bloße Herausforderung Chargenverlust und verhängte außerdem noch andere Duellstrafen. Der stärkere Druck wurde also damals jedenfalls gegen das Duell ausgeübt, während er heute, wo nur die Unterlassung des Duells mit Chargenverlust bestraft wird, zu Gunsten des Duells einsetzt. Es mag hier auch noch erwähnt werden, daß das Duellebict von 1713 Vorschriften über die Art enthält, wie die Offiziere Ehrverletzungen zu ahnden haben. König Friedrich Wilhelm I. bemerkt darin, daß der beleidigte Offizier das ihm zugefügte Unrecht „uns oder unseren hohen Kriegsoffizieren" anzeigen soll. Er werde dann jedem „gebührende und rechtmäßige Satisfaction verschaffen". Diese „Satisfaction" besteht nach Artikel 11 darin, daß die Injurien „entweder durch mündliche oder schriftliche Abbitte oder Entsetzung der Charge, Geldbuße, Gefängnis oder Landesverweisung, auch Verbietung des Degens" u. s. w. gestraft werden. Es fehlt freilich bisher an einer Untersuchung über die praktische Anwendung, die diese Bestimmungen gefunden haben.

Friedrich der Große[1]) selbst hat mit richtigem Blick das Haupthindernis der Beseitigung des Duells in jener Anschauung, daß der ein Duell ablehnende Offizier aus der Armee ausgestoßen werden müsse, erkannt. In seiner Dissertation sur les raisons d'établir ou d'abroger les lois spricht er sich über die Wirksamkeit der Duellgesetze ausführlich aus. Diese Abhandlung schrieb Friedrich im Jahre 1749 nach der Lectüre von Montesquieus esprit des lois. Montesquieu hatte vielerlei über die echt ritterliche, specifisch germanische Art des Duells gefabelt. Davon finden wir bei Friedrich nichts. Überhaupt deutet er nicht mit einer Silbe an, daß er das Duell irgendwie für berechtigt halte. Wenn man zu Gunsten des Duells angeführt hat, daß es zur Bewährung tapferer Gesinnung, oder gar (diese Blasphemie gehört freilich wohl erst dem 19. Jahrhundert an), daß es „für die Aufrechterhaltung christlicher und sittlicher Weltordnung" notwendig sei, so hält sich der König von solchen unwahren und heuchlerischen Tiraden vollkommen fern. Die Ausdrücke, die er zur Kennzeichnung des Duells gebraucht, lauten: préjugé; fausses opinions; point d'honneur mal-entendu; cette mode barbare; ce point d'honneur mal placé, qui a coûté la vie à tant d'honnêtes gens, de la part desquels la patrie pouvoit

---

[1]) In kürzerer Form habe ich auf Friedrichs des Großen Stellung zum Duell schon im „Deutschen Wochenblatt" 1896, Nr. 17, hingewiesen.

s'attendre aux plus grands services. Er spricht von cette espèce de meurtriers.¹)

In keiner Weise für berechtigt, nur allenfalls für entschulbbar, hält er das Duell, für entschulbbar insofern, als der, der sich nicht duelliert, gesellschaftlich geächtet, als insbesondere der Militär, der ein Duell ablehnt, aus dem Corps, in dem er dient, ausgestoßen wird und in ganz Europa keinen Dienst mehr findet. Der König macht dann einen Vorschlag, wie dem bestehenden Unwesen abgeholfen werden könne: ein allgemeiner Congreß der Fürsten Europas müsse dahin übereinkommen, denjenigen einen Makel anzuheften (d'attacher un déshonneur), welche trotz der Duellverbote sich im Zweikampf hinzuschlachten suchen, ferner dieser Gattung Mörder jedes Asyl zu verweigern und Beleibigungen streng zu bestrafen. Erwähnung verdient es auch noch, daß Friedrich das ordentliche Gericht keineswegs für ungeeignet zur Entscheidung von Ehrensachen ansah.²)

Friedrich der Große hat wohl seine Macht unterschätzt, wenn er glaubte, daß nur ein allgemeiner Fürstencongreß eine Änderung der Lage herbeiführen könnte. Bei energischem Gebrauch seines kräftigen Krückstocks hätte der König gewiß auch allein für sich mit Erfolg vorgehen können. Daß ein einzelner Staat ohne die Mitwirkung der anderen Staaten Europas das Duell abschaffen kann, lehrt im 19. Jahrhundert das Beispiel Englands. Allerdings aber waren im 18. die Verhältnisse ungünstiger und besonders für Preußen: die Zerstückelung des preußischen Gebietes, welches so oft von fremden

---

¹) Seine Ansicht vom Duell hat der König auch in folgendem Gedicht niedergelegt:
  Ah! qu'avide de sang l'implacable vautour
  Tombe sur la colombe ou sur la tourterelle,
  En déchirant leur sein de sa serre cruelle,
  Disperse dans les bois leur membres palpitans,
  Tous les vautours sont nés pour être des tyrans:
  Mais vous, ô Prussiens! vous êtes tous des frères,
  Respectez vos foyers, vos pénates, vos pères,
  Ces intérêts sacrés qui sont communs à tous;
  Arrêtez vos fureurs et suspendez vos coups;
  Cette terre, inhumains, qui vous sert de patrie.
  Se voit avec horreur de votre sang rougie!
Friedrich der Große überschreibt dies Gedicht: sur l'emploi du courage et sur le vrai point d'honneur.

²) Je ne vois rien d'impossible à ce que des particuliers soumettent leurs querelles à la décision des juges, de même qu'ils y soumettent les différens qui décident de leurs fortunes.

Territorien unterbrochen wurde, der verhältnismäßig lange Aufenthalt der preußischen Armee im Auslande während der Kriege, endlich die große Anzahl der Ausländer, die in Preußen dienten — alles dies mußte (ganz abgesehen von dem damaligen moralischen Zustande des Heeres) das selbständige Vorgehen des einzelnen Staates erschweren.

Man ist übrigens am Ende der Regierung Friedrichs des Großen doch noch dazu geschritten, ohne die anderen Mächte die Beseitigung des Duells zu versuchen. Ob dieser Versuch unmittelbar vom Könige veranlaßt worden ist, entzieht sich meiner Beurteilung; jedenfalls ist soviel sicher, daß er im Bereiche seiner Ideen lag. Er hatte in jener Abhandlung als das zu lösende Problem bezeichnet: de conserver l'honneur aux particuliers et de maintenir la loi (nämlich das Duellverbot) dans toute sa vigueur. Dieser Gedanke wurde in dem im Jahre 1785 erschienenen Entwurf eines allgemeinen preußischen Landrechts in der Weise verwirklicht, daß man neben strengen Strafen für das Duell die Einführung von Ehrengerichten vorschlug.[1]) Man ging dabei von dem Grundsatz aus, „daß die Meinung, als ob die Ehre eines Offiziers oder Edelmanns gegen eine wider sie unternommene Beleidigung nicht anders als durch Zweikampf gerettet werden könne, auf einem bloßen Vorurteil beruhe und daß dies Vorurteil höchst widersinnig sei". Demgemäß wurden zur Entscheidung von Ehrensachen Ehrengerichte von Standesgenossen vorgeschlagen. Allein im Jahre darauf starb leider der große König. Es folgte Friedrich Wilhelm II. Das Oberkriegskollegium fand den ihm vom Großkanzler Grafen Carmer — Graf Carmer hat neben Svarez das größte Verdienst um das allgemeine preußische Landrecht — zugestellten Entwurf bedenklich[2]), und der König gab diesem Bedenken vollkommen nach und lehnte in einer Cabinetsordre (vom 21. Mai 1791) den Vorschlag der Einrichtung von Ehrengerichten ab. Die definitive Redaction des allgemeinen preußischen Landrechts enthält daher keine Bestimmung über Ehrengerichte. In der Cabinetsordre kommen folgende Sätze

---

[1]) Vgl. „Jahrbücher für die Criminalrechtspflege", herausgegeben von Mannkopf, Band I (Berlin 1840), S. 28 fg.; Stölzel, "Brandenburg-Preußens Rechtsverwaltung und Rechtsverfassung" I, S. 299 fg.; v. Kampp, Jahrbücher, Band XLIX, S. 102 fg.

[2]) U. a. mit folgendem Argument: „das vorgeschlagene Ehrengericht wäre mit der Ambition eines Offiziers nicht wohl zu vereinigen". Es schimmert in dieser Äußerung etwas von der Anschauung durch, daß eine gewisse Gleichgiltigkeit gegen die Moral zum Wesen eines tüchtigen Soldaten gehöre.

vor: „Die Einführung des Ehrengerichts in der Armee ist sehr bedenklich, indem es manche nachteilige Wirkungen auf den Esprit derselben zur Folge haben würde, und da ich solches einzuführen... nicht genehmigen kann, so halte ich es auch ebenso wenig für ratsam, daß solches unter Edelleuten vom Civilstande stattfinde, indem dadurch, anstatt die Duelle und Zweikämpfe auszurotten, vielleicht noch häufigere Veranlassungen zu denselben hervorgebracht werden dürften." Die preußischen Könige, Offiziere und Edelleute des 19. Jahrhunderts sind der entgegengesetzten Ansicht wie Friedrich Wilhelm II. gewesen. Es ist unendlich zu beklagen, daß dieser König damals die Einsetzung von Ehrengerichten verhindert hat; um so mehr, als die in jenem Entwurf vorgeschlagenen Ehrengerichte zweifellos besser waren, als die im 19. Jahrhundert eingeführten. —

Wie bemerkt, drang auch in die studentischen Kreise die Anschauung ein, daß Unterlassung des Duells den Ausschluß aus dem Verbande zur Folge haben müsse. Ich habe mich über das Studentenduell bisher nicht näher ausgelassen, weil es ja längst bekannt ist, daß die schlechten Sitten der deutschen Studentenschaft zum großen Teil auf Nachahmung fremder Muster zurückgehen. Es ist z. B. schon längst hervorgehoben worden, welchen schädlichen Einfluß die Heere des dreißigjährigen Krieges, in denen das Duellwesen besonders gepflegt wurde, auf die Universitäten ausgeübt haben.[1] Es wird deshalb genügen, hier eine Stelle aus einer älteren verbreiteten Darstellung anzuführen[2]: „Viele Ausdrücke, die noch heute in unserer Studentensprache im Gebrauche sind, sind nur aus einer Nachäfferei der Franzosen entstanden. Der Comment, der in diesem (d. h. dem 18.) Jahrhundert ausgebildet wurde, ist nach der Meinung Klüpfels[3] vermutlich dem Ceremoniel des späteren Ritter-

---

[1] Vgl. Meiners, „Geschichte der hohen Schulen" I (1802), S. 244; Keil, „Geschichte des jenaischen Studentenlebens" (1858), S. 108.

[2] Joh. Huber, „Biographische Skizzen und kulturhistorische Aufsätze" (Leipzig 1873), S. 346—447: Deutsches Studentenleben. Vgl. auch ebenda S. 433: „Als eine lächerliche Vermehrung ihrer (der jenenser Studenten) tollen Gewohnheiten ist noch zu erwähnen, daß jeder ordentliche Bursche ein Mädchen, das er kaum von fern kannte, à la Don Luichotte sich zur „Scharmanten" zu erwählen und für ihre Schönheit, freilich nicht für ihre Tugend, gegen jeden Zweifler mit blanker Wehr in die Schranken zu treten hatte." Keil a. a. O. S. 138: „Oft wirkten auf das Verhältnis zu dem schönen Geschlecht auch die mit andern französischen Sitten in das Studentenleben eingeführten frivolen Anschauungen und Ansichten über die Bestimmung des Weibes in gesellschaftlicher Hinsicht ein und ließen einen mit grober Sinnlichkeit und Galanterie vermischten raffinierten Cynismus entstehen."

[3] Des Geschichtsschreibers der Universität Tübingen.

tums und Hoflebens, wie es sich unter Ludwig XIV. entwickelt hatte, nachgeahmt. Die meisten technischen Ausdrücke in demselben, welche dem Französischen entlehnt sind, deuten darauf hin, wie z. B. die zum Teil verunstalteten Wörter: Comment, Comment suspendu, Satisfaction, Avantage, Touche, Secundiren, Renommiren, Renonce, Maltraitationen, Chargirte u. s. w. Auch der Stoßdegen mit teller= förmigem Stichblatt kam, nach Klüpfel, aus Frankreich herüber. Und der Zweikampf, der im 18.[1]) Jahrhundert in einer grauenhaften Weise in Aufschwung kam und von den Landsmannschaften als ein Lebenselement gleichsam gepflegt wurde, hat gewiß auch einen be= sonderen Impuls von Frankreich her erhalten. Raumer sagt hierüber treffend: „Zwischen einem Chevalier aus dem siècle de Louis XIV und einem Ritter aus der Zeit der Hohenstaufen ist ein himmel= weiter Unterschied und ebenso zwischen einem Duell um einen Wechselbalg von Ehre (point d'honneur) und einem Gottesurteil durch Tournier[2]).″″ Die Zeit der alten Landsmannschaften ist die Zeit des sog. Pennalismus, und diese Zeit des Pennalismus (sie umfaßt, wenn man das Wort in weiterem Sinne nimmt, das 17. und 18. Jahrhundert) ist die traurigste Periode in der Geschichte des deutschen Studententums. Man sollte es nie vergessen, daß die Blütezeit des studentischen Duells zugleich die dunkelste Periode in der Geschichte des deutschen Studententums darstellt. Rohheit, Ge= meinheit, die ganze Kläglichkeit einer kleinlichen Gesinnung — das sind die Kennzeichen jener Periode.

Die Regierungen schritten gegen das Duellunwesen auf den Universitäten ebenso wie gegen das in der Armee mit strengen

---

[1]) Im 17. Jahrhundert spielte das wälsche Duell unter den deutschen Studenten auch schon eine große Rolle. Es ist aber richtig, daß im 18. über die Duellwut der Studenten sehr heftige Klagen erhoben werden. Das preußische Edict von 1713 spricht über den Unfug auf den Universitäten speciell im Artikel 9. — Übrigens sind im Duell die Lehrmeister der deutschen Studenten nicht blos die Franzosen, sondern auch die Italiener gewesen. Vgl. „Historisches Taschenbuch" 1879, S. 317: „Die italienischen Fechtmeister waren im übrigen Europa sehr gesucht und wurden auf den Universitäten namentlich verderblich. So hatte der hessische Landgraf Philipp zu Butzbach einen italienischen Fechtmeister auf die junge Universität Gießen gebracht, der aber im Jahre 1617 von dort gewaltsam wieder fortgeschafft wurde, weil er in zwei Jahren von den Studenten die enorme Summe von 2000 Fl. erpreßt hatte."

[2]) Der Ausdruck „Gottesurteil durch Tournier" ist nicht correct. Wenn man statt dessen sagt „gerichtlichen Zweikampf" (der ja zum Teil als Gottes= gericht angesehen wurde), so trifft Raumers Urteil vollkommen zu. Vgl. meine Schrift: „Das Duell und der germanische Ehrbegriff", S. 7 fg.

Strafen ein. Vielfach sind Bestimmungen gegen das studentische und gegen das militärische Duell in demselben Edict vereinigt. Aber der gute Geist der deutschen Jugend reagierte auch von sich aus gegen das wüste Treiben — gegen den Pennalismus überhaupt und besonders auch gegen die entsittlichte und entgeistigte Gleichgiltigkeit gegen fremdes und eigenes Leben, wie sie sich in der Duellwut der Landsmannschaften äußerte. Etwa um die Mitte des 18. Jahrhunderts beginnt eine Wendung zum Bessern[1]), hier früher, dort später. Aber bis ins zweite Jahrzehnt des 19. Jahrhunderts lastete doch noch ein Rest des Pennalismus auf dem deutschen Studententum. Da erst, in der Zeit der nationalen Erhebung, wurde gründlich mit dem Pennalismus aufgeräumt.

Zum Schluß wollen wir hier noch eine Äußerung aus der deutschen Duellitteratur des 18. Jahrhunderts hervorheben. In dem an historischen Ausführungen reichen Artikel über den Zweikampf in Zedlers Universallexikon findet sich folgender Satz (Band LXIV [1750], S. 1350): „Dahero haben die Points d'honneur ihren Ursprung hergeleitet, die die Welt mit so viel unnöthigen Querelen und Stänkereyen angefüllet." Welches wahre Wort! Ein leider nur zu wahres Wort! Man möchte, mit Rücksicht auf gewisse Vorgänge der neuesten Zeit, jenen Ausspruch für prophetisch halten, wenn — die Erfahrung nicht schon recht alt wäre, daß die points d'honneur viel unnötige Stänkereien verursachen! Es besteht zwischen dem technisch sogenannten point d'honneur und der Stänkerei ein innerer, ein notwendiger Zusammenhang. Wer richtet auf den Universitäten die meisten Stänkereien an? Die „schlagenden Couleuren", die sich als die classischen Interpreten des point d'honneur ansehen.[2]) Die Duelle, diese Producte der Theorie vom point d'honneur, wo sie auch vorkommen, regelmäßig sind sie mit Stänkereien verbunden. Sie dienen nicht dazu, klare Luft zu schaffen — sie wollen ja auch gar nicht den Tatbestand aufklären;

---

[1]) Friedrich Freiherr von der Trenck sagt (wohl mit besonderer Rücksicht auf Königsberg, im vorletzten Jahrzehnt des 18. Jahrhunderts): „Gegenwärtig haben verfeinerte Sitten die studierende Jugend überzeugt, daß man auf Universitäten wetteifernd lernen, aber nicht raufen und sich die Glieder verstümmeln müsse, die allein für das Vaterland mit Ehre bluten dürfen."

[2]) Ich würde diesen Satz nicht aussprechen, wenn die behauptete Tatsache nicht allbekannt wäre und wenn nicht die „schlagenden" Couleurstudenten selbst sie constatierten. Bekenntnisse eines Corpsstudenten s. bei A. Ernst von Ernsthausen, „Erinnerungen eines Preußischen Beamten", S. 38 ff. Bei A. von Sommerfeld, „Mensur, Duell und Verruf in Beziehung zu den studentischen Corporationen" (Leipzig 1894), S. 14 findet sich folgendes Urteil: „Die meiste

sie wollen ihn vielmehr oft absichtlich verdunkeln[1]). Was sie hervor=
bringen, ist die dunkle Atmosphäre der Stänkerei. Man denke an
die Streitigkeiten über die Satisfactionsfähigkeit, an die Verleum=
bungen derjenigen, die ein Duell ablehnen, an die Erörterungen über
die Berechtigung dieses oder jenes Duells, über das Verhalten der
Duellanten beim Duell, über das Recht oder Unrecht desjenigen, der
im Duell gesiegt hat. Das ist für alle Stänker und Waschweiber
eine so wundervolle Gelegenheit, im Trüben zu fischen, hämische
Vermutungen zu wagen, Klatschgeschichten in die Welt zu setzen.
Weil das Duell ein rein äußerliches, rein formalistisches Verfahren
ist, gerade die entscheidenden Fragen unbeantwortet läßt, haben die
Stänker und Waschweiber hier freies Spiel.

Das Duell in Deutschland im 19. Jahr=hundert.

Am Anfang des 19. Jahrhunderts schrieb Frau von Staël:
„L'Allemagne, si l'on excepte quelques cours avides d'imi-
ter la France, ne fut point atteinte par la fatuité, l'im-
moralité et l'incrédulité, qui, depuis la régence, avaient
altéré le caractère naturel des Français. La féodalité conservait
encore chez les Allemands des maximes de chevalerie. On s'y
battait en duel, il est vrai, moins souvent qu'en France,
parce que la nation germanique n'est pas aussi vive que la
nation française, et que toutes les classes du peuple ne participent
pas, comme en France, au sentiment de la bravoure; mais

Achtung haben mir noch einige nützliche wissenschaftliche Vereine eingeflößt,
wo ich das echte Studentenleben noch in seiner harmlosen, deutschen
Art vorfand. Diese bescheidenen Vereine kennen die unerquicklichen
Stänkereien... der schlagenden Couleuren nicht, und gerade in
diese Vereine würde ich einen Ausländer führen, der sich einen Begriff vom
deutschen Studentenleben zu machen wünschte." Vgl. auch die Bemerkungen
A. von Sommerfeld's (der selbst Corpsstudent ist) S. 8 über die „gedanken=
armen" Principien der schlagenden Couleuren.
[1]) Vgl. die sehr instructiven Berichte im „Pester Lloyd" 1896, Nr. 62—64.

l'opinion publique était plus sévère en général sur tout ce qui tenait à la probité. Si un homme avait manqué de quelque manière aux lois de la morale, dix duels par jour ne l'auraient relevé de l'estime de personne."

Im Gegensatz zu Deutschland stellt Frau von Staël Frankreich. Der Franzose sage, wenn er einer verwerflichen Handlung beschuldigt werde: „il se peut que cela soit mal, mais personne du moins n'osera me le dire en face". Zu sündigen sei erlaubt; nur dürfe man sich nicht den Vorwurf der Sünde gefallen lassen. Die Art des Franzosen sei, de séparer la loyauté de la bravoure et de transformer le courage en un moyen d'impunité sociale.¹)

Wir dürfen das Lob der Frau von Staël zwar — leider! — nicht vollständig, aber doch im großen und ganzen annehmen: trotzdem das Duell jetzt reichlich zwei Jahrhunderte bei den Deutschen bekannt war, haben sie sich dadurch ihre sittlichen Anschauungen wenigstens nicht wesentlich verderben lassen. Sie sind — Ausnahmen abgerechnet — nicht zu dem Standpunkt vorgeschritten, daß man Schandtaten dadurch zudecken könne, daß man den ersten, der einem daraus einen Vorwurf mache, zum Duell herausfordere. Allerdings, auch in Deutschland dient das Duell dazu, die Feststellung einer Tatsache, die für den Herausforderer unangenehm ist, zu verhindern. Allein das öffentliche Urteil wird dadurch nicht beeinflußt; die Deutschen betrachten den, der seine Ehre durch ein Duell zu wahren sucht, stets mit dem größten Mistrauen.

Und noch ein weiteres dürfen wir von den Deutschen rühmen. Während in Frankreich die Revolution das Duell als besondere Standessitte des Adels und der Offiziere beseitigte und zum Eigentum aller Klassen der gebildeten Kreise machte, hat in Deutschland die Emancipation des Bürgertums diese Wirkung im allgemeinen nicht gehabt. Das deutsche Bürgertum hat, einige Ausnahmen abgerechnet, jenes traurige Privilegium gern denen überlassen, die schon vorher damit gestraft waren. Es hat es in seiner Mehrheit als eine sittliche Auszeichnung betrachtet, vom Duell keinen Gebrauch zu machen.

Im Jahre 1835 veröffentlichte ein Franzose ein Buch über das Duell, in dem er auch den Bericht eines Berliner Professors über die Verbreitung des Duells in Deutschland mitteilte. Nach diesem kamen Duelle damals hauptsächlich nur bei Offizieren und Studenten vor, bei Offizieren übrigens viel seltener als bei Studenten und bei diesen wenigstens auch jetzt seltener als im 18. Jahrhundert.

---

¹) Vgl. meine Schrift: „Das Duell und der germanische Ehrbegriff". S. 11.

Im Jahre 1870 schrieb G. L. von Maurer, das Duell finde sich nur unter den Ritterbürtigen, den Offizieren und Studenten.

Das geringe Interesse, das die Teutschen dem Duell entgegenbringen, kann man deutlich an dem Stande der deutschen Duell-litteratur erkennen. Die Teutschen schreiben nur dünne Hefte, meistens nur Broschüren oder Aufsätze über das Duell. Ganz anders die Franzosen: es ist erstens die Zahl der französischen Werke über das Duell sehr groß, und es sind zweitens die einzelnen Werke oft außerordentlich eingehend und umfangreich.[1]) In Frankreich giebt es eine ganze Anzahl **mehrbändiger** Werke über das Duell — in Teutschland nicht ein einziges. In Frankreich giebt es mehrere ausführliche **historische** Darstellungen des Duells — in Teutschland begnügt man sich, wenn man auf die Geschichte des Duells eingehen muß, stets mit einem Überblick. Die Deutschen haben auf anderen Gebieten ohne Zweifel die Dickleibigkeit der Bücher vor den Franzosen voraus. Warum nicht hier? Weil der Deutsche sich sagt: das Duell ist eine Kinderei[2]), eine Albernheit; um einer solchen Albernheit, wie es das Duell ist, ein dickes Buch zu schreiben, wäre frivol; das Duell ist das nicht wert. Ich gestehe, ich geniere mich selbst, daß ich über das Duell schreibe, wiewohl ich mich ja kurz genug fasse. Ich rechtfertige mich aber vor meinem Gewissen und vor meinen Bekannten damit, daß schließlich einer sich doch auch vom historischen Standpunkte der Sache annehmen muß.

---

[1]) Kürzlich ist wieder in dem Buche von Croabbon, La science du point d'honneur, ein Werk erschienen, welches das Duell mit einer Umständlichkeit, Ausführlichkeit und feierlichen Wichtigkeit behandelt, wie sie in Teutschland ganz unmöglich wären. Kein deutscher Autor, kein deutscher Verleger würde sich zu einem solchen Werk bereit finden.

[2]) Wohl unbewußt hat den Gedanken, daß das Duell eigentlich eine Kinderei sei, kürzlich H. Delbrück, Preuß. Jahrbücher LXXX, S. 168 geäußert: „Herr Professor Wagner in der Ansicht, daß ein Mann in seiner Stellung und seinem Alter moralisch verpflichtet sei, jedenfalls nur dann zu einem Zweikampf zu schreiten, wenn schlechterdings kein anderer Ausweg übrig bleibe", u. s. w. Also: ein Mann von Stellung und ein Mann, der nicht mehr jung ist, der darf sich nur im äußersten Notfall duellieren! Ich denke, wenn das Duell überhaupt ein brauchbares Mittel zur Wiederherstellung der Ehre oder gar, wie von gewisser Seite behauptet wird, das beste und einzig wahre Mittel ist, dann müßte es sich für einen Mann von Stellung und für einen erwachsenen Mann nicht weniger, sondern viel mehr noch eignen als für einen, der keine Stellung einnimmt und noch jung ist. Aber nach deutscher Auffassung ist das Duell eben kein wirklich geeignetes Mittel zur Wiederherstellung der Ehre: der Deutsche hat, wenn auch unbewußt, die Anschauung, daß das Duell nicht viel mehr ist als ein gefährliches Spiel junger Leute.

Von Frankreich hat man die Empfindung, daß das Duellwesen im Volkscharakter wirklich begründet ist. Es ist natürlich auch in Frankreich ein Laster, aber wenigstens ein nationales. Man schwärmt hier für das Duell, und alle höheren Klassen, deren Kreis sehr weit gezogen ist, beteiligen sich daran. In Deutschland dagegen wird man schwerlich die Überzeugung gewinnen, daß eine Duellforderung Ausdruck des nationalen Empfindens ist. In Deutschland wird der Duellstandpunkt nur von ganz bestimmten Klassen vertreten, und selbst in diesen duelliert man sich weit mehr aus Zwang als aus freier Wahl. Die Zahl der Klassen, in denen das Duell seinen Boden hat, ist bei uns so gering, daß man nicht fragen darf, wer sich nicht duelliert, sondern wer sich duelliert.

Wie schon jener Bericht aus dem Jahre 1835 andeutet, kommt das Duell bei uns im 19. Jahrhundert, im Verhältnis zum 18., weniger häufig vor. Der Grund ist darin zu suchen (wir kommen noch darauf zurück), daß die allgemeinen Voraussetzungen, welche im 17. und 18. Jahrhundert eine verhältnismäßige Blüte des Duells in Deutschland hervorriefen, im 19. verschwunden sind. Es läßt sich wohl die Behauptung aufstellen, daß, wenn der Staat seine Schuldigkeit getan hätte, das Duellwesen im 19. Jahrhundert in Deutschland fast ganz oder auch ganz beseitigt worden wäre. Allein leider hat der Staat seine Pflicht versäumt. Er hat im 19. Jahrhundert die allerdings etwas zu strengen Duellstrafen der früheren Zeit durch viel zu milde Strafen ersetzt. Er hat selbst diese geringen Strafen durch die üblichen Begnadigungen der Duellanten nur zu oft illusorisch gemacht. Er verhängt endlich die Ausstoßung der Offiziere, die sich öffentlich als Gegner des Duells kundgeben, aus der Armee. Zu seiner Entschuldigung läßt sich wohl anführen, daß er in der Gesetzgebung und Verwaltungspraxis von der — irrigen — Anschauung[1]) ausgegangen ist und noch ausgeht, das Duell sei eine alte deutsche, ritterliche Einrichtung. Aber als unverzeihliche Schwäche muß sein Verhalten trotzdem bezeichnet werden.

Wir wollen uns nun über die Entwicklung und Verbreitung des Duells in Deutschland näher unterrichten, indem wir die Stellung der einzelnen Klassen zu ihm etwas specieller charakterisieren.

---

[1]) Wie sehr diese irrige Anschauung die Gesetzgebung beeinflußt hat, erkennt man namentlich aus von Kamptz' Jahrbüchern, Band XLIX (1837), S. 3 ff. („ein Bruchstück aus den Motiven zum revidierten Entwurf des allgemeinen Strafrechts für die preußischen Staaten").

Am häufigsten kommen, nach dem Bericht aus dem Jahre 1835, die Duelle unter den Studenten vor, aber auch unter ihnen seltener als im 18. Jahrhundert. Im 19. Jahrhundert ist die Zahl der studentischen Duelle in der Tat zurückgegangen. Und dieser Rückgang hat zum großen Teil seinen Grund in dem Erwachen des nationalen Bewußtseins, in der großen nationalen Erhebung am Anfang unseres Jahrhunderts.[1]) Ein Hauptzweck der nach den Befreiungskriegen gestifteten allgemeinen deutschen Burschenschaft, die die Pflege des vaterländischen Sinnes auf den deutschen Universitäten heimisch gemacht hat, war gerade der, dem in sinnlosen Raufereien und tollen Gelagen sich äußernden wüsten akademischen Treiben zu steuern. Die Burschenschaft wurde gerade als Gegnerin des alten rohen Pennalismus mit seiner lächerlichen Paukfucht und der particularistischen Landsmannschaften, in denen sich der Pennalismus noch immer behauptete, gegründet.[2]) In den burschenschaftlichen Kreisen, die von höheren Idealen getragen waren, konnte das Duellwesen nicht mehr im Vordergrunde des studentischen Lebens stehen. Zumal diejenigen, die in den Befreiungskriegen mitgefochten hatten, waren für das wüste Treiben nicht mehr zu haben. „Ihre Begriffe von Ehre waren andere geworden, als jene gewesen, die sie auf dem läppischen Schauplatz des einheimischen Studentenlebens eingesogen. Nachdem sie ihr Leben der vaterländischen Sache schuldig zu sein erkannt hatten,

---

[1]) Schon vor der Gründung der allgemeinen deutschen Burschenschaft ist Fichte, der wie kein anderer die neue, nationale Gesinnung in sich verkörpert und ein Mann von wahrem Mut war, dem Duellunwesen entgegengetreten. Vgl. Joh. Huber, „Biographische Skizzen und culturhistorische Aufsätze", S. 443 fg.: „Selbst hier (in Jena), wo das ausgelassene Studententum seinen Hauptsitz hatte, brach die harte Rinde falscher Begriffe des akademischen Lebens, und als Fichte ... auf die Aufhebung der Studentenvereine hinarbeitete, fand er Gehör bei der akademischen Jugend. Leider, daß diese, die schon bereit war auf seine Reformgedanken einzugehen, durch absichtlich ausgestreute Mißverständnisse Fichte zu mistrauen anfing und von ihrem Vorhaben abstand. ... Doch es wurde besser in Jena, die Landsmannschaften verbanden sich, die Duelle abzuschaffen und Ehrengerichte einzusetzen. Auch die Senioren solcher Verbindungen, die nicht augenblicklich der heilsamen Neuerung sich anschließen konnten, erkannten die Wohlthätigkeit und Sittlichkeit derselben an, und 1811 wurde Fichte in Berlin abermals von den dortigen Studenten angegangen, sich für die Einsetzung von Ehrengerichten zu verwenden."

[2]) Vgl. W. Menzel's Denkwürdigkeiten S. 119: „Wie früher bei den Landsmannschaften und Corps durchgängig ein roher Ton und Lüderlichkeit vorgeherrscht hatten, so trachtete die Burschenschaft nach einem reinen, ehrenhaften und sittlichen Wandel. Wie früher die Landsmannschaften und Corps ausländischen Moden und ausländischer Corruption gefröhnt hatten, wollte die Burschenschaft jetzt alles Vaterländische wieder zu Ehren bringen."

konnten sie es nicht dem Mutwillen jedes ungezogenen Jungen aussetzen wollen, der etwa seine Rohheit an ihnen zu reiben Lust hatte."[1]) Allerdings hat die Burschenschaft das Duell an sich keineswegs verworfen. Sie hielt es vielmehr fest, weil sie es für eine alte deutsche Einrichtung ansah, weil sie seinen romanischen Ursprung nicht kannte. Mancherlei hat sie bekanntlich als echt teutonisch angesehen, was tatsächlich gar nicht teutonisch war. Das Duell war in den früheren Jahrhunderten in Deutschland recipiert worden, weil es eine italienische und namentlich französische Einrichtung war und weil man damals alles, was vom Auslande, besonders aus Frankreich, kam, bewunderte. Man hatte sich in Deutschland das Duell angeeignet, weil man sich die Begriffe von Vornehmheit aus Frankreich holte und weil das Duell oberstes Kennzeichen französischer Vornehmheit war. Allmählich kam dann die Meinung auf, daß das Duell eine deutsche Einrichtung, und zwar speciell eine des alten deutschen Rittertums sei. In Folge einer ungenügenden Kenntnis der Einrichtungen und Verhältnisse des deutschen Mittelalters hegte man die Meinung, daß die alten Deutschen und besonders die alten deutschen Ritter so ziemlich alle ihre Streitsachen mit dem Schwerte ausgemacht hätten. Man schrieb dem deutschen Mittelalter zu, was tatsächlich die Gewohnheiten der sittlich verwahrlosten Gesellschaft im Zeitalter Heinrichs III. von Frankreich gewesen waren. Dieser verhängnisvolle Irrtum, der zugleich das Gedächtnis unserer Altvorderen entehrt, wurde nun auch von der Burschenschaft geteilt. Er hat es wesentlich mit verschuldet, wenn sie ihr Ideal nur unvollkommen erreicht hat. Trotzdem aber die Burschenschaft das Duell festhielt, zeigt sich bei ihr doch eine Verminderung der Duelle. Wenn sie sie auch nicht als etwas undeutsches empfand, so konnte doch bei den höheren Zielen, von denen sie erfüllt war, das Duellwesen in ihr nicht mehr die Rolle spielen wie in den alten Landsmannschaften. In den Kreisen, welche für sittliche Ideen eintreten, wird stets ganz von selbst die Zahl der Duelle zurückgehen — mag das Duell auch officiell noch für unentbehrlich erklärt werden. In diesem Zusammenhang verdient es Erwähnung, daß die Begründung der allgemeinen deutschen Burschenschaft zugleich einen Protest gegen die widerlichen Ausschweifungen der alten Landsmannschafter auf sexuellem Gebiet darstellt.

Der Gang, den die Entwicklung des deutschen Studententums weiterhin nahm, ist leider nur zu bekannt. Die Burschenschaft wurde unterdrückt — teils in Folge eigener Schuld, teils weil die

---

[1]) Worte Huber's.

Regierungen die Bewegung aus einem zu engen Gesichtswinkel ansahen. Jetzt kamen wieder die Landsmannschaften auf, freilich in feineren Formen: es sind die modernen Corps. Im 17. und 18. Jahrhundert waren die Regierungen gegen das landsmannschaftliche Wesen streng vorgegangen. Im 19. Jahrhundert ließen sie die Corps gern gewähren, und zwar — wenigstens ist dies die historische Erklärung — aus Besorgnis vor der burschenschaftlichen Bewegung. Daß die Unsitten der Corpsstudenten zum großen Teil französischen Ursprungs sind, scheint schon ihr Name anzudeuten. Die Hauptstelle in dem Leben der Corps nimmt das Paukwesen ein [1]), und eben dieses ist ja französischen Ursprungs. Es kann selbstverständlich hier nicht meine Absicht sein, ein allgemeines Urteil über die Corpsstudenten abzugeben. Ich verkenne keineswegs ihre guten Seiten. Sie liegen hauptsächlich darin, daß die Corpsstudenten der überwiegenden Mehrzahl nach aus Familien stammen, die in der Lage sind, ihren Kindern eine sehr sorgfältige und gute Erziehung zu gewähren. Die Erziehung, die die Corpsstudenten von Vater und Mutter mitbringen, vermag glücklicherweise dem schädlichen Einfluß, den das Corpsleben ausübt, meistens einen wirksamen Widerstand zu leisten. Indessen diese Bemerkungen hier nur nebenbei.

Trotz der Ungunst der Regierungen kam die Burschenschaft allmählich wieder empor. Im weiteren Verlauf bildeten sich in ihr zwei Richtungen aus. Die eine hält im großen und ganzen den alten Standpunkt fest. Die andere näherte sich mehr und mehr dem Corpsstudententum. Von dieser darf man mit einigen Einschränkungen sagen, daß sie sich vom Corpsstudententum hauptsächlich nur dadurch unterscheidet, daß sie etwas weniger Wert auf das Paukwesen legt und einen weniger hohen Wechsel verlangt [2]), — Unterschiede, die freilich wieder andere Unterschiede im Gefolge haben.

Im großen Publikum, das seine Anschauungen vom Studentenleben vornehmlich aus dem Studium der „Fliegenden Blätter" bildet, ist die Meinung verbreitet, mit geringen Ausnahmen bestehe die deutsche Studentenschaft aus Corpsstudenten und Burschenschaftern; der nor-

---

[1]) Vgl. A. Ernst v. Ernsthausen, „Erinnerungen eines Preußischen Beamten" (Bielefeld und Leipzig 1894), S. 39.

[2]) Vgl. v. Ernsthausen a. a. O. S. 37: „Es komme", so sagte er (nämlich ein älterer Corpsstudent), „wesentlich darauf an, ob meine Mittel zur Bestreitung der nicht unerheblichen Kosten des Corpslebens ausreichten. Wenn dies nicht der Fall sei, so möge ich lieber den Eintritt unterlassen." Hätte v. Ernsthausen nicht die nötigen Mittel gehabt, so wäre er natürlich — Burschenschafter geworden!

male deutsche Student habe jedes Semester so und so viel Duelle und lebe überhaupt in jeder Hinsicht nach dem Comment.

Wer mitten im Universitätsleben steht und die Augen aufmacht, weiß, daß Corps und Burschenschaften heute mehr ein Anner der deutschen Studentenschaft ausmachen, als daß sie ihre eigentlichen Repräsentanten sind. Wäre es so, wie es sich das große Publikum vorstellt, dann würden die Professoren vor ziemlich leeren Bänken predigen!

Corpsstudenten und Burschenschafter bilden nur einen kleinen Procentsatz der deutschen Studentenschaft. In den letzten zehn Jahren gehörten nämlich durchschnittlich zu dem Kösener S. C. 7,26 %, zu dem allgemeinen Delegiertenconvent der Burschenschaften 4,33 %.[1]) Und zwar sind hier nicht blos Active, sondern auch Inactive gerechnet! Man weiß ja aber, daß viele Corpsstudenten und Burschenschafter, wenn sie die Inactivität erreicht haben, eine andere Universität aufsuchen und dann hier recht zurückgezogen leben. Diese muß man also von jener Zahl in Abzug bringen, wenn man bestimmen will, wieweit der Typus der „Fliegenden Blätter" in der deutschen Studentenschaft verbreitet ist. Nun giebt es allerdings noch verschiedene Gruppen von anderen Verbindungen, die, obgleich sie nicht Corps oder Burschenschaften heißen, diesen doch im Duellwesen und ähnlichem mehr oder weniger nahe zu kommen suchen. Auch diese liefern Beiträge zum „Fliegende=Blätter"=Typus. Trotzdem ist die Gesamtzahl der zu diesem Typus gehörigen Studenten doch noch immer gering. Nach meiner Schätzung beträgt die Zahl der Studenten, die sich, wie die „Fliegenden Blätter" es darstellen, regelmäßig duellieren, allerhöchstens 15 % der ganzen Studentenschaft. Und zwar ist dies derjenige Teil, der als der vorzugsweise nicht studierende angesehen werden kann. Denn abgesehen davon, daß aus diesem sich die Vorlesungen besuchende Studentenschaft (von häuslichem Studium ganz zu schweigen!) nicht recrutiert, haben z. B. die Corps viele Landwirte und Kaufleute als Mitglieder, die sich nur ein paar Semester amüsieren oder in der Universitätsstadt ihr Militärjahr abdienen wollen. Die Zahl der Corpsstudenten würde aber noch wesentlich geringer, als sie schon jetzt ist, sein, wenn nicht die Meinung weit verbreitet wäre, daß ein Jurist, der Corpsstudent ist, bessere Carrière macht. Ich habe hier nicht zu untersuchen, ob diese Meinung nicht vielleicht ein Irrtum ist. Tatsache ist jedenfalls, daß

---

[1]) „Akademische Revue" (herausgegeben von P. v. Salvisberg) 1895, Decemberheft, S. 151 fg.

sie viele Väter bestimmt, ihre Söhne in Corps zu schicken! Ich hebe dies hervor, um zu zeigen, daß die Corps — d. h. die größte Gruppe unter den duellierenden Studenten — sich zum großen Teil nur durch künstliche Mittel behaupten. Auch sonst kann man ja reichlich die Beobachtung machen, daß das Corpsstudententum nichts weniger als ein nationales Product, nichts weniger als eine populäre Einrichtung in Deutschland ist.

Nach allem ist soviel klar, daß nur ein verhältnismäßig kleiner Teil der deutschen Studentenschaft den „Fliegende-Blätter"-Typus repräsentiert und daß diese Studenten keineswegs die normalen deutschen Studenten sind. Die große Masse der Studentenschaft, die eigentliche, d. h. die studierende Studentenschaft setzt sich aus solchen zusammen, die entweder principielle Gegner des Duells sind oder sich wenigstens um das Duell nicht viel kümmern. Dies ist die Studentenschaft, in welcher deutsche Art ihren besten Ausdruck findet. Dies ist die Studentenschaft, welche die deutschen Universitäten gegenüber den Hochschulen des Auslandes überlegen macht. Wenn aber auch die große Mehrheit und gerade der eigentliche Kern der deutschen Studentenschaft vom Duell keinen oder wenigstens keinen erheblichen Gebrauch macht[1]), so ist doch die Verbreitung des Duellwesens auf den Universitäten nicht so gering, daß man etwa keine öffentliche Notiz von ihm zu nehmen brauchte. Im Gegenteil, es fordert manche Opfer, und es übt, auch abgesehen von den Opfern,

---

[1]) Ich hebe hier nochmals hervor, daß es nicht meine Absicht ist, ein allgemeines Urteil über die studentischen Corporationen abzugeben; ich will vielmehr nur über ihre Stellung zum Duell sprechen. Natürlich weiß ich, daß der Zustand der einzelnen Vereinigungen sehr wechselt. Bald herrscht in dieser ein guter Geist, bald in jener. Die Hauptsache ist eben, wie auf allen Gebieten des menschlichen Lebens, die Persönlichkeit. Auch in dem Corps kann ein guter Geist sein. Ich gebe, wenigstens in der Theorie, zu, daß in einem Corps in einem Semester sogar von allen Corporationen einer Universität der beste Geist herrschen kann, wenn nämlich zufällig in dem betreffenden Semester in das Corps gerade Studenten von sehr tüchtigem Charakter und in die anderen Corporationen solche von weniger tüchtigem Charakter eintreten. Daß es ausgezeichnete Männer unter den Corpsstudenten giebt, dafür haben wir genug Beispiele; ich persönlich bin um so weniger geneigt das zu bestreiten, als ich unter meinen besten Freunden mehrere ehemalige Corpsstudenten zähle. Allein wenngleich die Hauptsache die Persönlichkeit ist, so kommt doch auch sehr viel auf die Einrichtung an, und daß die Einrichtung der studentischen Corps an sich irgend etwas gutes wirken kann, davon vermag ich mich durchaus nicht zu überzeugen. Diejenigen, welche die erziehliche Wirkung der Corps hoch anschlagen, unterschätzen die Bedeutung, die die Herkunft aus einer guten Familie hat.

die es fordert, auf die ganze Haltung bestimmter studentischer Gruppen eine schädliche Wirkung aus. In neuester Zeit tritt innerhalb derjenigen Kreise, die sich zum Duell bekennen, sogar eine Steigerung des Duellunfugs ein. Die „Akademische Revue" (herausgegeben von P. v. Salvisberg), welche selbst den Duellstandpunkt vertritt, hat diese Dinge wiederholt mit scharfem Tadel belegt. Aber auch andere Stimmen haben sich dagegen erhoben: Corpsstudenten selbst klagen über die „vielen unendlich traurigen Resultate", die „leichtfertig" veranlaßt werden.[1]) An eine Besserung ist aber nicht zu denken, so lange das Duell überhaupt noch besteht. Reformen (wie sie die „Akademische Revue" verlangt) würden nur ephemeren Wert haben. Die Übertreibungen sind im Duellwesen selbst begründet. Gerade beim studentischen Duell, welches überwiegend dem Bedürfnis der Renommage dient, wird die Natur der Dinge selbst von Zeit zu Zeit immer von neuem dahin drängen, die Bedingungen zu verschärfen. Trotzdem ist es nicht in erster Linie das studentische Duell, welches zu Bedenken Anlaß giebt. Die meisten studentischen Duelle, die Bestimmungsmensuren, sind ohne erhebliche Gefahr. Wiewohl gelegentlich dabei ein Leben zum Opfer fällt, so sucht man doch absichtlich eine Lebensgefahr bei den Bestimmungsmensuren zu vermeiden. Die Bestimmungsmensuren sind, wenn auch nicht begrifflich, so doch praktisch im großen und ganzen eine Spielerei. Ferner bekennen sich sehr viele Studenten, die während ihrer Universitätszeit eifrig gefochten haben, später nicht mehr zum Duell. Wenn sie ins bürgerliche Leben eingetreten sind, lassen sie den studentischen Schwindel fallen. Sie blicken auf ihre studentischen Duelle wie auf eine erlaubte Jugendtorheit zurück. Ich kenne alte Corpsstudenten, die mit Vergnügen an ihre Corpsstudentenzeit zurückdenken und dennoch principielle Gegner des Duells, d. h. des ernsten Duells, sind.

Nächst den studentischen Kreisen weist das Offiziercorps die meisten Duelle auf. Sie sind hier, wie schon angedeutet, weniger häufig, aber durchweg ernster oder, richtiger gesagt, gefährlicher Natur. Wir sprechen zunächst von denen unter den Offizieren der Linie.

Die Duelle unter den Offizieren des 19. Jahrhunderts sind nicht nur seltener als die unter den Studenten, sondern namentlich

---

[1]) Die hier in Anführungszeichen mitgeteilten Worte gebraucht A. v. Sommerfeld a. a. O. S. 7 fg. selbst.

auch seltener als die unter den Offizieren des 17. und 18. Jahrhunderts. Die Ursache liegt auf der Hand. Die sittliche Fäulnis und der verwilderte Zustand der Heere des 17. Jahrhunderts, die Unbildung und die dadurch gegebene Verlegenheit, die freien Stunden zweckmäßig zu verwenden, brachten mit einer gewissen Notwendigkeit Duelle und ähnliche Raufereien hervor. Im Laufe des 18. Jahrhunderts wurde es damit schon besser, wiewohl noch vieles zu wünschen übrig blieb. Es ist bekannt, wie sehr sich z. B. noch Friedrich der Große über die Unbildung seiner Offiziere beklagt hat. Von den Zeiten seines Vorgängers sagt er, daß man im Heere damals das Studium mißachtet, daß den Kenntnissen eine Art Schmach angehaftet habe, so daß die jungen Leute es geradezu als ein Verbrechen betrachtet hätten, ihr Wissen zu erweitern und sich geistig fortzubilden. Friedrich selbst hat viel gebessert. Dennoch ist er mit dem, was allmählich erreicht wurde, noch unzufrieden geblieben; er äußert einmal, es würde erst einer völligen Umwandlung der nationalen Art bedürfen, um die Hemmnisse, Oberflächlichkeit, Trägheit und Hang zu Ausschweifungen, zu überwinden. Vom 19. Jahrhundert darf man wohl behaupten, daß sich in ihm diese Umwandlung vollzogen hat. Das preußische und neuerdings deutsche Offiziercorps steht auf einer so hohen Stufe wie wohl kaum ein Offiziercorps der Weltgeschichte. Wenn bei der Persönlichkeit des einzelnen ein Mangel vorhanden ist, so kann er durch die ausgezeichnete Disciplin, wie sie heute gehandhabt wird, ersetzt werden. Dieser vortreffliche Geist des Offiziercorps ist es, der die Zahl der Duelle herabgemindert hat.

Die Duelle wären im 19. Jahrhundert gewis ganz verschwunden, wenn nicht der unglückliche Irrtum herrschend wäre, daß es altritterliche, deutsche Art sei, sich zu duellieren, und wenn ferner nicht die unsittliche, mit den staatlichen Gesetzen im Widerspruch stehende Anschauung festgehalten würde, daß der, der sich nicht duellieren will, aus der Armee ausgestoßen werden muß. Dies ist das Haupthindernis für die Beseitigung des Duells. So lange es besteht, können auch alle Ehrengerichte keine radicale Abhilfe schaffen.

Die Ausstoßung der Duellgegner aus dem Offiziercorps hat heute einen ganz anderen Charakter als früher. Bekanntlich standen die Regimenter in älterer Zeit — erinnern wir uns des 17. Jahrhunderts — in einem sehr losen Verhältnis zum Landesherrn. Es war im wesentlichen nur ein Contractverhältnis, das der Landesherr mit dem Oberst des Regiments schloß. Dieser übernahm gegen eine bestimmte Geldzahlung die Verpflichtung, ein Regiment von so und so viel Mann, von so und so viel Offizieren aufzustellen. Auf die Einzelheiten, z. B. die Auswahl der Offiziere, einzuwirken, hatte der Landesherr kein Recht. Diese Fragen waren Sache des Obersten, der nur wieder durch die Offiziere und Mannschaften seines Regiments beschränkt war. Die Regimenter besaßen nämlich ein großes Maß von Autonomie. Sie waren von den Zeiten des Landsknechtstums her zünftlerisch organisiert, hatten insbesondere ihr eigenes Gericht. Das Offiziercorps hielt sich dementsprechend auch für befugt, denjenigen, den es in seiner Mitte nicht dulden wollte, auszustoßen. Dieses Recht wurde die Handhabe, um den zweifellos französischen Grundsatz zur Anwendung zu bringen, daß der Offizier, der sich nicht duelliert, ausscheiden müsse. Die Ausstoßung geschah natürlich, wie das in der ganzen Verfassung des Regiments begründet war, durch das Offiziercorps. Die unabhängige Stellung des Obersten und der Regimenter ist von den Landesherren sehr unangenehm empfunden worden. Sie sind von dem Obersten oft hinsichtlich der Stärke des Regiments beschummelt und oft auch mit einem recht wenig anmutigen Material angeschmiert worden. Ebenso machte sich die Autonomie des Regiments dem Lande lästig. Die Geschichte jedes Landes ist voll von Klagen des Monarchen über diese traurigen Zustände. Allmählich jedoch gelang es den Fürsten in saurer Arbeit, bessere Verhältnisse anzubahnen. Es gelang ihnen nach und nach, die Regimenter dem Staate einzufügen, den Monarchen zu ihrem eigentlichen Herrn zu machen. Insbesondere die Hohenzollern haben diese Notwendigkeit früh erkannt; es gehört zu ihren größten Ruhmestaten, verhältnismäßig früh die Selbstherrlichkeit der Regimenter gebrochen zu haben. Einige Reste des alten Zustandes sind jedoch noch bestehen geblieben, und dazu gehört auch der Ausschluß der Duellgegner aus dem Offiziercorps. Freilich hat dieser Ausschluß heute, wie schon angedeutet, einen ganz anderen Charakter als früher. Er erfolgt heute zwar auch noch formell durch das Offiziercorps; in Wahrheit ist es jedoch der Staat, der ihn vornimmt. Denn die Grundsätze, nach denen die Offiziercorps und ihre Ehrengerichte zu urteilen haben, sind heute in allen Regimentern dieselben und überall durch die Centralinstanz genau bestimmt. Die Offiziercorps wenden keinen Satz an, von dem sie nicht bestimmt wissen, daß er die Billigung der Centralinstanz findet. Keine Gerichtsbarkeit ist heute so centralisiert, so vollkommen von einem Wink der Centralinstanz abhängig wie die Militärgerichtsbarkeit. So trägt denn auch heute für die Ausschließung der Duellgegner aus dem Offiziercorps lediglich die Centralinstanz, der Staat, die Verantwortung. Man darf in vollem Sinne sagen:

der Staat verfügt sie; er zwingt die Offiziere zum Duell¹): die Ehrengerichte der Offiziercorps besorgen nur die Ausführung im einzelnen Fall. Es ist nun aber sehr merkwürdig, daß der Staat heute — und zwar gegen den Willen der Nation — seinen Eifer daran setzt, einen Grundsatz zu verteidigen, der aus einem ihm früher verhaßten und als drückend empfundenen System stammt, aus einer Zeit, als nicht der Landesherr die Regimenter, sondern sie ihn regierten, der Zeit, als die Heere internationale Banden, der Zeit, als sie den Landesgesetzen nicht unterworfen waren. Es ist sehr merkwürdig, daß der Staat des neunzehnten Jahrhunderts eine Unsitte schützt und befördert, die der alte Staat bekämpft hat. Haben denn der große Kurfürst und Friedrich der Große für den Staat des 19. Jahrhunderts vergeblich gearbeitet? Die gute alte preußische Tradition wird ignoriert! Und diese Merkwürdigkeit wird noch dadurch gesteigert, daß derselbe Staat den Duellzwang im Widerspruch mit den von ihm selbst erlassenen Verboten des Duells durchführt.

Die vorhin erwähnten Ehrengerichte sind am Anfang unseres Jahrhunderts angeordnet und später revidiert worden, zunächst durch Friedrich Wilhelm IV. im Jahre 1843, sodann durch Wilhelm I. im Jahre 1874. Welche Revision eine Verbesserung oder eine Verschlechterung herbeigeführt hat, darüber gehen die Ansichten auseinander.²) Es verhält sich damit folgendermaßen.

Friedrich Wilhelm IV. hatte die Absicht, das Duell, wenn möglich, zu beseitigen. Und zwar ergriff er dazu das Mittel, das man am Ende der Regierung Friedrichs des Großen in Vorschlag gebracht hatte: er suchte das Duell durch vermittelnde Tätigkeit des Ehrenrates und Spruch des Ehrengerichtes überflüssig zu machen. Allein dieses Princip hat er in seiner Verordnung vom Jahre 1843 nicht consequent verwirklicht. Dieselbe erkannte nämlich gleichzeitig an, daß unter Umständen eine unter Offizieren entstandene Streitigkeit nicht durch das Ehrengericht beizulegen sei. So blieb die ganze Einrichtung etwas halbes, und das Ehrengericht hat deshalb nach jener Richtung hin keine erhebliche Thätigkeit entfalten können; eine Tatsache, die übrigens zugleich ein beredtes Zeugnis für die Abneigung der Duellanten gegen eine Untersuchung der Schuldfrage liefert. Consequenter

---

¹) So sagt auch Binding, „Die Ehre und ihre Verletzbarkeit" (Leipzig 1892), S. 21, treffend: „der Offizier ist heut rechtlich verpflichtet, seine angegriffene Ehre eventuell mittels Zweikampfs zu verteidigen".
²) Vgl. Zimmermann, „Gerichtssaal" 1872, S. 420 fg.; „Histor. Taschenbuch 1879, S. 293 fg.; „Staatsbürgerzeitung" 1896, Nr. 175 (15. April); v. Boguslawski, „Die Ehre und das Duell", S. 59 fg.

ist die Verordnung von 1874 (ihr Verfasser ist, wie Zeitungen jetzt berichten, General v. Caprivi). Sie giebt den Gedanken auf, durch ehrengerichtlichen Spruch das Duell zu ersetzen oder einzuschränken. Es bleibt nur die vermittelnde Tätigkeit des Ehrenrates übrig. Das Ehrengericht (im engeren Sinne des Wortes[1]) wirkt jetzt, soweit es sich überhaupt mit dem Duell befaßt, eigentlich blos zu dessen Gunsten. Wenn nun aber die Verordnung von 1874 vor der von 1843 den Vorzug größerer Consequenz hat, so muß doch auch ihr noch der Vorwurf der Inconsequenz gemacht werden. Sie läßt den König sagen: „einen Offizier, welcher im Stande ist, die Ehre eines Kameraden in frevelhafter Weise zu verletzen, werde ich ebenso wenig in meinem Heere dulden wie einen Offizier, der seine Ehre nicht zu wahren weiß". Stellt man diesen Grundsatz auf, so wird man consequenterweise zur völligen Verwerfung des Duells geführt. Denn er verlangt, wenn anders er nicht blos auf dem Papier stehen soll, die peinlichste Untersuchung darüber, wer bei einem Ehrenhandel der schuldige Teil ist. Wenn man aber einmal dazu übergeht, die Schuldfrage in den Vordergrund zu rücken[2]), so hat es keinen Zweck mehr, das Duell noch beizubehalten, da ja dessen Wesen auf der Gleichgiltigkeit gegenüber der Schuldfrage beruht. Das Duell hat ja den Zweck, eine Erörterung über die Schuldfrage zu verhindern. Entweder Untersuchung oder Duell — tertium non datur! Also inconsequent sind beide Verordnungen. Ist die von 1874 etwas weniger inconsequent, so zeichnet sich dagegen die von 1843 dadurch aus, daß sie den Forderungen des Rechts, der Sittlichkeit, des wahren Ehrgefühls mehr entspricht; nur ist das ihr zu Grunde liegende Princip nicht vollständig zum Ausdruck gebracht und darum ihm die Wirkung benommen.

So unvollkommen indessen die Einrichtung der heutigen Ehrengerichte ist, so haben sie doch wenigstens einigen Nutzen gebracht. Ein Jurist (Zimmermann) sagt darüber (wohl etwas übertreibend), indem er zugleich andere Ursachen der Herabminderung der Duelle hervorhebt: „Die Einrichtung des Ehrengerichts hat sehr gut gewirkt, und wurden dadurch sowie durch strengere Disciplin die Duelle unter Offizieren bedeutend vermindert, abgesehen davon, daß dieselben auch jetzt durch den Dienst so vielfach in Anspruch genommen werden, daß weniger Zeit und Gelegenheit zu Reibereien übrig bleibt."

---

[1]) Im weiteren Sinne versteht man, wenn man von der Tätigkeit des Ehrengerichts spricht, die des Ehrenrates mit. Ich schließe mich im folgenden diesem Sprachgebrauch an.
[2]) Noch viel mehr als in der Verordnung von 1874 ist in den Äußerungen Friedrich Wilhelms III. (s. unten) die Wichtigkeit der Schuldfrage betont.

Von einem so edlen und menschenfreundlichen Monarchen wie Friedrich Wilhelm IV. sollte man am ehesten erwarten, daß er die unsittliche Einrichtung des Duells mit Stumpf und Stiel ausgerottet haben würde. Allein leider fehlte es ihm trotz seiner edlen Eigenschaften an durchgreifender Energie. Diesen Zwiespalt seines Wesens zeigt eben auch seine Verordnung vom Jahre 1843. Überdies hinderten ihn offenbar auch seine romantischen Neigungen an der vollständigen Verwerfung des Duells, in dem er, den allgemeinen Irrtum teilend, eine alte ritterliche, deutsche Einrichtung sah.

In der Verordnung vom Jahre 1843 sagt Friedrich Wilhelm IV: es wird, „**oft wegen der unbedeutendsten Veranlassungen**[1]), von Offizieren meiner Armee der Zweikampf als Mittel zur Wiederherstellung der wirklich oder vermeintlich gekränkten Ehre gewählt". Sind nun aber durch die Ehrengerichte — wenigstens durch die durch ihn und Wilhelm I. revidierten — tatsächlich alle nichtigen Duelle aus der Welt geschafft worden? Keineswegs!

---

[1]) Dies hebt auch Friedrich Wilhelm III., der sich von den preußischen Königen des 19. Jahrhunderts am bestimmtesten gegen das Duell ausgesprochen hat, in der Cabinetsordre vom 13. Juni 1828 hervor: „In den letzten Jahren sind dem Vorurteil (des Duells), zum Teil um elender Kleinigkeiten willen, mehrere Opfer gefallen, **der Armee dadurch hoffnungsvolle Offiziere entrissen** und Schmerz und Kummer in die Familien getragen worden. **Das Leben des Offiziers ist der Verteidigung des Thrones und Vaterlandes geweiht, und wer dasselbe um einen kleinlichen Zwist einsetzt, beweist, daß er sich seiner ernsten Bestimmung nicht bewußt ist und nicht die sittliche Haltung zu beobachten weiß**, welche auf Sittlichkeit und wahrem Ehrgefühl beruht. . . . **Ein Offiziercorps, welches durch zweckmäßige Behandlung solcher Ehrensachen Duelle verbannt**, wird sich ein Recht auf mein Wohlwollen erwerben und **dartun, daß ein Geist wahrer Ehre in ihm wohnt**. Ich mache es demnächst auch den Vorgesetzten ganz besonders zur Pflicht, durch Wachsamkeit und Belehrung dem verderblichen Vorurteil entgegenzuarbeiten." Weiter bemerkt der König in einer Cabinetsordre vom 29. März 1829: wenn es Beschimpfungen giebt, die „nach den herrschenden Ansichten" die persönliche Ehre des Offiziers in dem Maße verletzen, daß sie nur durch Blut wieder gereinigt werden kann, so macht sich der, der fähig ist, eine solche niedrige Beschimpfung leichtfertig auszusprechen, dadurch unwürdig, dem Stande ferner anzugehören, für dessen Heiligtum ihm der Sinn gebricht, „und seine **Entlassung aus diesem Stande ist zugleich für den ungebührlich Gekränkten die vollgiltigste Genugthuung, die ich als eine solche überall auch anerkannt wissen will**". — In der unten angeführten Schrift: „Das Duell in seinem Ursprunge und Wesen" wird der Fall eines (protestantischen) abligen Cavallerieoffiziers erwähnt, der aus religiösen Gründen ein Duell ablehnte. König Friedrich Wilhelm III. schützte ihn gegen die Offiziere seines Regiments.

Noch im Jahre 1893 klagt ein älterer activer Offizier[1]), daß „in vielen Fällen Duelle mit blutigem Ausgange stattgefunden haben, wo eine sachgemäße Erledigung unter Vermeidung des Zweikampfes oder doch eine der Beleidigung entsprechendere Form des Zweikampfes möglich gewesen wäre". Der Misbrauch liegt eben im Wesen des Duells. So lange es noch irgendwie Anerkennung genießt, werden auch immer noch Fälle vorkommen, die sich sehr gut hätten vermeiden lassen. Alle Duelle lassen sich mit Leichtigkeit vermeiden. Darum werden auch alle Ehrengerichte nur eine halbe Tätigkeit entwickeln, wenn es ihnen noch gestattet bleibt, unter Umständen das Duell für unvermeidlich zu erklären. Man gebe den Ehrengerichten bessere Instructionen; dann werden sie ihren Zweck erfüllen. Man weise sie vor allem an, unter keiner Bedingung einen Zweikampf zuzulassen, und statte sie mit der Befugnis aus, wirksame Strafen für schwere Ehrverletzungen zu verhängen. So, wie sie jetzt sind, sind sie ein Zwitterding.

Das deutsche Offiziercorps gehört heute zu den vornehmsten Trägern der nationalen Idee. Eben deshalb sollte es eine Ehrenpflicht darin sehen, sich von dem wälschen Duellwesen frei zu machen. Da das Ehrgefühl im Heerwesen eine so hervorragende Rolle spielt, so sollte man gerade in der Behandlung der Ehrensachen sich von den Vorschriften des Auslandes unabhängig machen. Tatsächlich aber besteht in dieser Beziehung eine Abhängigkeit vom Auslande, die jeden, dem ein deutsches und preußisches Herz in der Brust schlägt, peinlich berühren muß, und die wohl nur deshalb bisher ertragen worden ist, weil man sie sich nicht klar gemacht hat. Wie das Duellwesen in früheren Jahrhunderten von Wälschland her nach Deutschland eingeschmuggelt worden ist, so holen sich noch heute diejenigen Deutschen, welche den Duellstandpunkt vertreten, ihre Anschauungen über die angemessene Behandlung von Ehrensachen aus Frankreich. Der technisch sog. „Ehrencoder", wie er heute in Deutschland gilt, stammt aus — Paris! Die in Deutschland beobachteten Regeln über die Behandlung von Ehrensachen sind von einem Franzosen aufgestellt worden, zu dessen Empfehlung man nichts weiter anzuführen vermag, als daß er — Mitglied des Pariser Jockey= Clubs gewesen ist!!![2]) Die Franzosen machen sich über die „wahr-

---

[1]) „Die conventionellen Gebräuche beim Zweikampf", von einem älteren activen Offizier. 5. Aufl. (Berlin 1893), S. 5.
[2]) Vgl. „Die conventionellen Gebräuche beim Zweikampf" a. a. O. S. 6. Croabbon, La science du point d'honneur I, S. 393.

haft erstaunliche Autorität" lustig, die dieser Pariser bei den Deutschen genießt. Dürfen wir es ihnen verdenken? Sie haben ein Recht über die Deutschen zu spotten, die ruhmvolle Siege über die Franzosen erfochten und sich dann von einem Pariser vorschreiben lassen, wie sie sich in Ehrensachen benehmen sollen. Und was war dieser Pariser? Mitglied des Jockey-Clubs! Wenn man die nach seiner Anleitung ausgearbeiteten Vorschriften liest, so hat man in der Tat den Eindruck, daß es sich um eine Jockey-Club-Moral handelt. Dieses Jockeys Anschauungen über Ehre und Ehrgefühl lösen sich in rein conventionelle, geradezu abschreckend äußerliche Begriffe auf. Es findet aber noch täglich eine Beeinflussung der Deutschen durch Frankreich im Duellwesen statt. Wer erinnert sich nicht, daß die viel besprochenen Fälle des letzten Frühjahrs einen specifisch französischen Charakter hatten? Es war hier insbesondere die vorlaute Art, mit der schon lange vor dem Duell die Ankündigung des Duells erfolgte und dem Publikum dann über alle einzelnen Stadien des Verlaufs Berichte aufgedrängt wurden. Die echt romanische und namentlich französische Großsprecherei verführt, wie sie die Quelle vieler Duelle ist, weiterhin auch dazu, von dem vollzogenen Duell oder auch schon der bloßen Duellforderung möglichst viel reden zu machen. Und hiervon haben wir ja jetzt in Deutschland auch genug Proben erhalten. —

Die Frage, ein wie großer Teil der Offiziere den Duellstandpunkt wirklich vertritt, läßt sich nicht beantworten, da eine offene Gegnerschaft gegen das Duell in der Armee nicht geduldet wird[1]) und daher statistisches Material nicht zu gewinnen ist. Soviel jedoch können wir auf indirectem Wege wenigstens feststellen, daß keineswegs sämtliche Offiziere den Duellstandpunkt teilen. Ich berufe mich zunächst auf eine Äußerung des Kriegsministers von Boyen aus dem Jahre 1847. Er bezeichnete damals im vereinigten Landtag den Duellstandpunkt als ein Vorurteil (von dem er selbst allerdings nicht frei sei) und fügte hinzu: „Ich habe viele mit den höchsten Würden geschmückte Offiziere gekannt, die durch ihr ganzes Leben ihm (dem Vorurteil) nicht unterlegen haben."[2]) Neuerdings erwähnt ferner Balan („Duell

---

[1]) Über die Ausstoßung der drei Grafen Schmising-Kerssenbrock, die sich gegen das Duell ausgesprochen hatten, aus der preußischen Armee vgl. die Schrift: „Das Duell in seinem Ursprunge und Wesen" (Paderborn 1864), S. 69 fg.
[2]) Auch der Abg. v. Brünneck erklärte: „es hat Kriegeshelden gegeben, die solche Bedenken teilten" (nämlich „aus innerster moralischer oder religiöser Überzeugung es bedenklich finden, leichtfertig auf ein Duell einzugehen und gegen die allgemeinen Gesetze des Landes zu handeln"). — Bemerkenswert ist folgende Äußerung des Kriegsministers v. Boyen: „Es kann ein jeder Zwei-

und Ehre", 3. Aufl., 1890), daß er seine, das Duell unbedingt verurteilenden Ausführungen vor einem Kreise, der hauptsächlich aus Beamten und Offizieren bestand, vorgetragen und daß sie in diesem Kreise „mehr Beifall als Widerspruch" gefunden haben.

Wenn der Nachweis, wieviel Offiziere Gegner des Duells sind, einerseits wegen des Verbots der freien Meinungsäußerung sich nicht erbringen läßt, so darf man andererseits soviel mit Sicherheit behaupten, daß weitaus die meisten der Offiziere, die überhaupt den Duellstandpunkt vertreten, ihn vertreten nicht als Menschen, nicht als Deutsche, sondern lediglich als Offiziere. Bei manchen beruht allerdings das Bekenntnis zum Duell auf ihrem ganzen menschlichen Empfinden. Aber die große Masse bekennt sich zum Duell nur in Folge des vom Staate ausgeübten Zwanges. Es giebt, wie jedermann weiß, unendlich viel Familien, die vom Duellwesen nichts wissen, bis etwa auf einen Sohn, der Offizier geworden ist und deshalb nicht Gegner (wenigstens nicht offener Gegner) des Duells sein darf. Wie oft hört man die Entschuldigung: ja, der und der kann eben als Offizier nicht anders! Er weiß, daß er seine Charge verliert, wenn er sich nicht duelliert; also muß er es tun. Diese überaus nüchternen Erwägungen würden einen abstoßenden Eindruck machen, wenn sie nicht andererseits ein deutlicher und erfreulicher Beweis für die tiefe Abneigung der Nation gegen das Duell wären, das ihr vom Staate aufgezwungen wird. Die Offiziere, welche eine Duellforderung an jemand richten, lassen durch ihren Cartellträger mit einer Offenheit, die verblüffend wirkt, erklären, als Offiziere müßten sie es so machen. Ganz neuerdings ist uns an einigen sehr bekannten Beispielen bis zum Überdruß demonstriert worden, daß selbst in den Kreisen, in denen man ein inneres Verhältnis zum Duell am ehesten vermuten sollte, lediglich die militärische Stellung maßgebend ist. Wir haben es ja gehört, daß ein Unglücklicher sich nur deshalb zum Duell gezwungen sah, weil er — unglücklicherweise — noch die Erlaubnis hatte, den bunten Rock zu tragen. Er hatte keine Neigung zum Duell. Er hatte die Überzeugung, daß er vollkommen im Rechte sei; keine innere Stimmung nötigte ihn

---

kampf durch eine Ehrenerklärung, die vorher gegeben wird, vermieden werden, und da hat das Offiziercorps sowie die höheren Befehlshaber das Recht, den Zweikampf zu hintertreiben." Im schärfsten Gegensatz dazu heißt es in den „Convent. Gebräuchen beim Zweikampf", S. 11: „Eine solche Lösung (nämlich durch eine Ehrenerklärung, ohne Zweikampf) ist meist nur bei der einfachen Beleidigung möglich", und auch dann nur bei beiderseitigem Einverständnis. Hat sich Boyen im Jahre 1847 geirrt? Oder ist die Praxis der Ehrengerichte eine andere geworden?

zum Kampfe. Nur das zweifarbige Tuch schleppte ihn, den widerstrebenden, zum Kampfplatz. Der bunte Rock wurde ihm zum Nessushemd. Und dies ist ja keineswegs der einzige Fall, daß staatliche Organe, die militärischen Ehrengerichte, widerstrebende förmlich zum Duell verurteilen. Es ist ein verhängnisvoller Irrtum, wenn man heute so oft ohne weiteres behauptet, das Duell beruhe auf einem „Standesvorurteil". Von einem „Standesvorurteil" kann in Deutschland nur in sehr beschränkter Weise die Rede sein. In Deutschland ist das Duell ganz überwiegend eine staatlich erzwungene Einrichtung. Nicht oder wenigstens im wesentlichen nicht durch gewisse Urteile, Anschauungen, Überzeugungen wird das Duell aufrecht erhalten, sondern durch staatlichen Zwang, durch die schweren Nachteile, welche staatliche Organe über den verhängen, der sich dem Duellzwang nicht fügt. Natürlich ist es bei einer Zwangseinrichtung nicht ausgeschlossen, daß manche auch freiwillig, sogar mit Vergnügen von ihr Gebrauch machen. Aber von der Zwangseinrichtung des Duells machen hauptsächlich wohl nur die mit Vergnügen Gebrauch, die eine nicht gute Sache vertreten. Ein deutscher Edelmann sagt mit Recht im „Deutschen Adelsblatt": „Nicht die **wahren**, sondern nur die **dunkeln** Ehrenmänner haben ein Interesse an der Aufrechterhaltung der Duellpraxis."[1]

Gewis ist im Staatsleben und namentlich auch im Heere vielerlei Zwang unentbehrlich. Aber erzwungen können doch im allgemeinen nur äußerliche Dinge werden. Auf den inneren Menschen den Zwang auszudehnen, ein Ehrgefühl, das auf fremdem Boden erwachsen ist, im Gegensatz zu den sittlichen Anschauungen der Nation erzwingen zu wollen, ist äußerst bedenklich. Der ethische

---

[1] Das „Deutsche Adelsblatt" 1895, S. 214, führt ein erschütterndes Beispiel für den Widersinn des staatlichen Duellzwanges an. „In der Garnisonstadt P. gerieten in einem Restaurant zwei Offiziere in Streit und ließen sich dabei zu unpassenden Ausdrücken hinreißen. Der Ehrenrat entschied, daß sie, obgleich sie ihr durch die erhöhte Weinstimmung einigermaßen entschuldbares Vergehen aufrichtig bedauerten und zu allen entsprechenden Erklärungen bereit waren, in Anbetracht, daß jene Ausdrücke in einem öffentlichen Locale und in Gegenwart von Civilpersonen gefallen waren, zu einem Duell schreiten müßten. In dem Duell wurde der Eine tötlich verwundet. Der Andere, durch diesen Ausgang im höchsten Grade bestürzt, wich kaum vom Krankenlager seines Gegners, und als die Kameraden des Ersteren in sein Zimmer traten, sagte der schwer verwundete zu ihnen: ‚Nun, seid Ihr jetzt mit mir zufrieden?' und — starb!" Den Mitgliedern des Ehrenrates kann schwerlich ein persönlicher Vorwurf gemacht werden. Der Staat will es eben, daß die widerliche Comödie aufgeführt wird. Nebenbei bemerkt, ersieht man aus jenem Beispiel wieder, wie abschreckend äußerlicher Natur der sog. Ehrencodex ist.

Wert eines durch äußere Mittel erzwungenen Ehrbegriffs, der mit dem bunten Rock an- und mit dem bunten Rock ausgezogen wird (ich erinnere hiermit nur an bekannte Tatsachen!), ist sehr gering. Indessen wir brauchen uns über den ethischen Wert des Zwangsduells nicht näher auszulassen. Was wir constatieren wollten, war eben nur, daß das Duell in der Armee Zwangsduell ist.

Dem Duellzwang sind nun (wenigstens in Preußen) leider auch die Offiziere des Beurlaubtenstandes unterworfen.

Die Einrichtung des Reserveoffizierwesens hat zweifellos zur Verbreitung nationaler und staatlicher Gesinnung beigetragen. Aber es sind damit auch Auswüchse verbunden, welche die ganze Armee, die jetzt sich noch einer wahren Volksbeliebtheit erfreut, allmählich unpopulär zu machen drohen. Zu diesen Schattenseiten des Reserveoffizierwesens gehört es in erster Linie, daß den Reserveoffizieren (und ebenso denen der Landwehr) die Verpflichtung aufliegt, sich zu duellieren.

Es ist mit nicht unerheblichen Vorteilen verbunden, wenn jemand den Grad des Reserveoffiziers erlangt. Viele lockt auch die bloße Eitelkeit, ihn zu erwerben. Aber ganz abgesehen von den Vorteilen und von der Befriedigung der Eitelkeit, die der Rang des Reserveoffiziers gewährt, jeder Staatsbürger, der die Qualification dazu besitzt, darf verlangen, zum Reserveoffizier befördert zu werden. Allein da wird eine Einschränkung gemacht: er darf nicht Gegner (wenigstens nicht offener Gegner) des Duells sein. Es gehört im allgemeinen nicht viel dazu, um Reserveoffizier zu werden. Es werden weder in wissenschaftlicher noch in militärischer Hinsicht große Anforderungen gestellt. Vom Linienoffizier wird in beiderlei Hinsicht weit mehr verlangt. Es wird beim Reserveoffizier wohl auch manchmal ein Auge zugedrückt. Aber eines wird unbedingt verlangt: die Unterwerfung unter den Duellzwang. Das scheint das entscheidende zu sein. Unter dieses caudinische Joch müssen sich alle beugen.

Der wehrhafte junge Deutsche ist in den Lehren des Christentums erzogen, die durch das Duell verhöhnt werden. Er lebt in der nationalen Idee und muß daher die wälsche Unsitte des Duells verabscheuen. Er hat die im deutschen bürgerlichen Leben geltenden gesunden Anschauungen über Sittlichkeit, Recht und Ehre, mit denen die tief unsittliche Duelltheorie ganz unvereinbar ist. Er hat eine vielseitige ästhetische Bildung empfangen, die im schroffsten Gegensatz zu der Rohheit der Zeit und der Kreise steht, die die Duellpraxis hervorgebracht haben. Er hat sich eine gründliche philosophische Bildung angeeignet, die den denkbar schärfsten Gegensatz zu der entsetzlichen Flachheit der Duelltheorie bildet. Er ist, nicht am wenigsten in Folge der Erlasse der deutschen Kaiser, von edlen socialen Anschauungen erfüllt, die durch die Theorie von der Satisfactionsfähigkeit und die staatliche Privilegirung der Duellanten aufs fürchterlichste verspottet werden. Mit einem Worte: der Deutsche hat den Wert des Lebens zu schätzen gelernt; er lebt ein Leben, das lebenswürdig ist; er lebt für Ideale; er glaubt, nicht umsonst zu leben, wenn er seinen Idealen lebt; während die Duelltheorie für diejenigen ersonnen ist, welche wohl ebenso gut nicht existieren könnten, wie sie existieren.

Um die Anschauungen, die Grundsätze und die Bildung des jungen wehrfähigen Deutschen kümmert sich aber der Staat nicht. Was geht ihn die Religion, was die nationale Idee, was die deutsche Bildung, was das deutsche Rechts- und Ehrgefühl, was die von deutschen Kaisern gepflegte sociale Gesinnung an? Er verlangt, daß der Deutsche, welcher den Rang des Offiziers erhalten will, die Forderungen seiner religiösen Grundsätze, seines nationalen Sinnes, seiner deutschen Bildung u. s. w. zurückdrängt. Alles muß der wälschen, unsittlichen, unchristlichen Duelltheorie geopfert werden.[1] Man spricht von der Charakterbildung, die das Duellwesen zur Folge haben soll. Wird nicht durch den unsittlichen Duellzwang vielmehr das Gegenteil von selbständigen Charakteren hervorgebracht werden? Alles dieses wird noch verschlimmert dadurch, daß das, wozu der Staat den Offizier zwingt, im Widerspruch steht zu seinen sonstigen Befehlen. Der Staat verlangt, daß der Offizier „Christ" ist; aber er darf nur ja nicht von seinem Christentum consequenten Gebrauch machen! Wenn ein Israelit Offizier werden will, tritt er zum „Christentum" über; gleichzeitig wird er aber auch verpflichtet, mit dem Christentum es nur ja nicht zu ernst zu nehmen, nur ja nicht aus christlicher Gesinnung das Duell zu verwerfen. Hier ist doch wirklich der Übertritt zum „Christentum" der reine Luxus.[2] Mag doch der Staat von seinen Offizieren das Glaubensbekenntnis der

---

[1] Ein treuer Patriot aus Süddeutschland schreibt mir: „Jedem, der sein Gewissen rein von erniedrigenden Vorurteilen halten will, wird der Zugang zum Offiziersstand, ja sogar zum Stand des Reserveoffiziers versagt. Ich kann aus den letzten Jahren Beispiele von Freunden anführen, die voll vaterländischer Begeisterung, ausgestattet mit allen militärischen Fähigkeiten, dazu noch beliebt beim ganzen Offizierscorps — mit Bedauern zurückgewiesen wurden." Jedermann wird diese Äußerung aus seinem Kreise bestätigen können.

[2] Oder gestattet etwa die christliche Religion eher das Duell als die jüdische? Manche scheinen freilich den ganzen Unterschied zwischen Judentum und „Christentum" darin zu sehen, daß der „Christ" sich duelliert. Als ob Duelle von Israeliten (namentlich in Ungarn und Frankreich) nicht oft genug vorkämen!

Menschenfresser verlangen, dann ist wenigstens Consequenz in dem System. Allein die Offiziere zum Duell und zugleich in die christliche Garnisonkirche zu commandieren, das hat doch wirklich keinen Zweck.

Nun ist es ja allerdings bekannt, daß sehr viele, die Reserveoffiziere werden, über ihre Stellung zum Duell einen Schleier zu breiten wissen. Indessen was ist das für ein unwürdiges Verhältnis, daß der Staat diejenigen, die von Haus aus Gegner des Duells sind, entweder zur Verleugnung oder wenigstens zur Verheimlichung ihrer Überzeugung zwingt?!

Der Duellzwang ist aber nicht nur unwürdig und geeignet, die sittlichen Anschauungen, auf denen das Leben der Nation ruht, zu untergraben; sondern er hat auch sehr concrete, sehr praktische, sehr greifbare Nachteile im Gefolge. Er schädigt — um es kurz zu sagen — in empfindlichster Weise die Brauchbarkeit derjenigen, die ihm unterworfen sind, für die bürgerlichen[1]) Berufe.

Ein Beispiel aus der jüngsten Vergangenheit macht das gesagte sehr anschaulich: Ein Gerichtsassessor hatte in einer Strafsache von den drei Angeklagten gesagt, sie hätten sich, indem sie über den Kläger hergefallen seien, nicht gentlemanlike benommen. Einer der Angeklagten war Reserveoffizier, er forderte den Gerichtsassessor (ebenfalls Reserveoffizier) auf Pistolen, dieser lehnte ab, weil er in seinem Amt gehandelt, ihm anvertraute Interessen gewahrt habe und darüber sich nicht zu schießen brauche. Der Ehrenrat des Offiziercorps ersuchte den Gerichtsassessor, die Forderung anzunehmen, und als dieser seinen principiellen Standpunkt festhielt, wurde er vor das Ehrengericht gestellt, das ihn, „weil er der Weisung des Ehrenrates nicht Folge geleistet habe", mit schlichtem Abschied entließ. Dieses Urteil wurde bestätigt.

Der Fall steht gar nicht vereinzelt da. Ich erinnere nur an das bekannte Duell zwischen dem Staatsanwalt und dem Landgerichtsdirector, die beide Reserveoffiziere waren, wegen eines Wortwechsels während der Gerichtsverhandlung. Der Landgerichtsdirector, der eine Empfindung für die Unangemessenheit der Übertragung amtlicher Meinungsverschiedenheiten auf persönliches Gebiet hatte, wurde gegen seine Überzeugung durch den Ehrenrat seines Offiziercorps einfach zum Duell genötigt.[2])

---

[1]) „Bürgerlich" nehme ich hier selbstverständlich nicht im Gegensatz zu adlig, sondern im Sinne von civil.

[2]) Ein anderes Beispiel führt der „Hannoversche Courier", 1896, 28. April, an: „In einer Strafkammer unterbrach ein junger Assessor, der einen Rechtsanwalt vertrat, wiederholt die Zeugen und den Vorsitzenden. Letzterer rügte

Solche Verhältnisse machen eine ersprießliche Tätigkeit der Behörden ganz unmöglich. Wie viel Beamte werden noch ihre Pflicht tun, wenn ihnen überall eine Pistole entgegengehalten wird? Es ist charakteristisch, daß von jenen drei Angeklagten nur der Reserveoffizier sich gegen den Richter zur Wehr setzt. Es wird wohl noch dahin kommen, daß die Reserveoffiziere jeden ihnen vor Gericht gemachten Vorwurf durch eine Duellforderung erwidern und dadurch sich allgemeine Immunität verschaffen. Wenigstens dann werden sie es können, wenn der Richter auch Reserveoffizier ist. Der Staat sollte daher, wenn er nicht auf gerichtliches Einschreiten gegenüber Reserveoffizieren überhaupt verzichten will, nur solche Personen zu Richtern machen, die nicht selbst Reserveoffiziere sind. Nur so läßt sich wohl die Unabhängigkeit des Richterstandes aufrecht erhalten, falls man den Duellzwang nicht aufheben will.

Was von der amtlichen Tätigkeit gilt, trifft auch für das Privatleben zu. Hier sind die zum Duell verpflichteten Reserveoffiziere ebenso ein störendes Element. Ich führe als Beispiel wieder einen Fall aus der letzten Zeit an. Ein pommerscher Gutsbesitzer, der Reserveoffizier ist, hat einen — unglücklicherweise — „satisfactionsfähigen" Wirtschaftseleven. Dieser tritt zu der Frau des Gutsbesitzers in ein strafbares Verhältnis. Die Folge ist natürlich ein Duell. Wäre der Eleve nicht „satisfactionsfähig" oder der Brotherr wenigstens nicht Reserveoffizier gewesen, so wäre der schurkische Eleve einfach seiner verdienten Strafe verfallen. Jetzt aber muß sich der Brotherr seinem Eleven vor die Pistole stellen! Warum war er aber auch so töricht, sich einen „satisfactionsfähigen"

---

dies mehrfach, und als er wieder unterbrochen wurde, sagte er: „Jetzt spreche ich, und Sie haben so lange zu schweigen.' Darauf ließ der Assessor, der Reserveoffizier war, den Vorsitzenden auf Pistolen fordern. Dieser nahm die Forderung nicht an. Der vorgesetzte (jetzt verstorbene) Oberlandesgerichtspräsident meinte allerdings, es sei eine unangenehme Geschichte, aber als Reserveoffizier habe der Assessor nicht anders handeln dürfen!" Um so schlimmer, wenn der Assessor als Reserveoffizier „nicht anders handeln" kann!! Dann ist er eben für eine öffentliche Tätigkeit —, ja ich möchte sagen, für die menschliche Gesellschaft überhaupt — absolut unbrauchbar! — Einen weiteren interessanten Beitrag bringt das „Fränkische Volksblatt": Das Ehrengericht des Offiziercorps beim Landwehrbezirkscommando Würzburg hatte einen katholischen Rechtspraktikanten, der zugleich Reserveoffizier ist, zur Annahme eines Säbelduells „verurteilt". Wie das Blatt berichtet, war der Vorsitzende dieses Ehrengerichts ein Königlich bayerischer Staatsanwalt! Also ein Beamter dazu berufen, den Gesetzen Achtung zu verschaffen, trägt in entscheidender Stellung dazu bei, einen Mann wider dessen Willen zur Verletzung der Gesetze zu zwingen.

Eleven zu halten! Fortan wird hoffentlich nie wieder ein Gutsbesitzer, ein Industrieller so töricht sein, einen Beamten in Dienst
zu nehmen, der den zweifelhaften Vorzug des Offiziersranges, der
„Satisfactionsfähigkeit" genießt.

Wir stehen ja erst in den Anfängen der Wirkungen, die das
Institut des Zwangsduells auf das bürgerliche Leben ausübt. Es
sind schon sehr bedenkliche Fälle vorgekommen. Wir haben es ja
erlebt, daß ein Landwehroffizier (der im Privatleben einen durchaus
friedlichen Beruf hat) einen Herrn in sehr angesehener Stellung ver-
dächtigte und daß, als dieser jenem dann gebührend antwortete, ihm
der — leider, wie es scheint, nicht ganz erfolglose — Vorwurf gemacht
wurde, er habe „dem Rock des Kaisers nicht die angemessene Ehre er-
wiesen" (obwohl ihm von diesem Rock nicht einmal etwas bekannt war)!

Solche Fälle werden sich aber ganz gewiß mehren, wenn der
Duellzwang nicht bald aufgehoben wird. Es wird schließlich jede
berechtigte Kritik durch eine Duellforderung beantwortet werden. Es
wird etwa einem Litteraten ein Plagiat vorgeworfen. Der Vorwurf
des Plagiats ist ziemlich gleichwertig dem der Lüge. Der Schriftsteller, der Reserveoffizier ist, fordert natürlich seinen Kritiker vor
die Pistole. Da der sog. „Ehrencodex" sich auf eine Untersuchung
über die Berechtigung des Vorwurfs nicht einläßt, so wird der
Kritiker, wenn er Reserveoffizier ist, zum Duell gezwungen. Es
wird damit ein goldenes Zeitalter für nichtsnutzige Litteraten beginnen; denn viele Kritiker werden dann nicht den Mut haben, ihnen
entgegenzutreten. Es wird aber zugleich auch mit der deutschen
Ehrlichkeit und Solidität ziemlich gründlich aufgeräumt werden.

Es sind wahrlich nicht blos die Opfer an Menschenleben, die
den staatlichen Duellzwang zu einer nationalen Gefahr machen.
Nicht geringer ist die sittliche Verwirrung anzuschlagen, die er im
Gefolge hat. Und das bedenkliche, das, was jetzt in erster Linie die
Erregung des deutschen Volkes über das Duellwesen hervorgerufen
hat, liegt eben darin, daß durch Übertragung des Duellzwanges auf
die Offiziere des Beurlaubtenstandes auch die bisher im wesentlichen
vom Duell unberührten Kreise der Nation den guten deutschen Sitten
und der edlen deutschen Sittlichkeit mehr und mehr entfremdet werden.
Freilich müßte ja das Duellwesen auch dann unbedingt bekämpft
werden, wenn es auf die Offiziere des activen Heeres beschränkt wäre,
wie es denn in der Tat zu allen Zeiten von charaktervollen Männern
— von gekrönten Häuptern, hervorragenden Heerführern — energisch
bekämpft worden ist. Es würde sich dann jedoch nur um einen verhältnismäßig kleinen Kreis handeln. Ganz anders dagegen, wenn,

wie es jetzt der Fall ist, der Duellzwang weite Schichten der Nation ergreift. Da kann er seine verhängnisvollen Wirkungen in viel größerem Umfang äußern. Die Gefahr aber ist jetzt um so bedrohlicher geworden, als in der letzten Zeit erstens die Zahl der Offiziere des Beurlaubtenstandes in Folge der neuen Armeereorganisation wesentlich vermehrt[1]) ist und zweitens ihr militärischer Charakter mehr als früher betont wird. Unter diesen Umständen darf man im vollen Sinne des Wortes davon sprechen, daß gegenwärtig der Versuch gemacht wird (wenn auch ganz gewiß nicht mit bewußter Absicht), die Deutschen zu Duellanten zu erziehen.[2]) Die Armee soll zur nationalen Erziehung des Volkes dienen. Und sie erfüllt auch tatsächlich zum großen Teil diesen Zweck. Allein der Duellzwang wirkt dieser Aufgabe entgegen. Durch den Duellzwang arbeitet der Staat an der Hispanisierung, Romanisierung der deutschen Nation. Jeder deutsche Patriot aber, jeder, dem das Wohl des deutschen Volkes am Herzen liegt, muß mit aller Energie gegen den Versuch der Hispanisierung der deutschen Nation ankämpfen. Was hilft es, daß Landwirtschaft und Handel prosperieren, wenn deutsche Landwirte und Kaufleute im Duell weggeschossen oder durch Ehrenmänner à la Hammerstein, die ihre sauberen Geschäfte durch die vorgehaltene Pistole zu verdecken suchen, ausgeplündert werden? Was helfen Gesetze, die den Wohlstand der Nation sichern wollen, wenn Treu und Glauben, wenn die in der ganzen Welt gerühmte deutsche Zuverlässigkeit und Ehrlichkeit im bürgerlichen Verkehr durch die sittliche Verwirrung, die das Duellwesen im Gefolge hat, untergraben werden!

---

[1]) Selbstverständlich spreche ich mich hiermit nicht gegen die Vermehrung an sich aus. Ich habe bei allen Reichstagswahlen für Anhänger der Regierung gestimmt.

[2]) Vgl. Nr. 260 der „National-Zeitung" (Jahrgang 1896): „Wir neigen, obgleich ohne statistische Angaben ein bestimmtes Urteil unmöglich ist, der von dem Abg. v. Manteuffel ausgesprochenen Ansicht zu, daß unter den activen Offizieren der Zweikampf eher in der Abnahme als im Zunehmen ist, daß er verhältnismäßig häufiger unter den Reserveoffizieren vorkommt. Hierin liegt aber gerade die stärkste Verurteilung der Zustände, welche sich in den letzten Jahrzehnten herausgebildet haben; es bedeutet, daß das Duellunwesen immer mehr in Volkskreise hineingetragen worden, denen die ihm zu Grunde liegenden Vorstellungen von Hause aus fremd sind, daß das Übel vermittelst eines moralischen Zwanges und der Erregung jener Eitelkeit, die im Bekenntnis zu einem besonderen Ehrencodex eine Befriedigung findet, geradezu gezüchtet worden ist. . . . Auf Grund landesherrlicher Anordnung behandeln militärische Ehrenräte den Zweikampf als unter Umständen unerläßlich." Diesen trefflichen Worten möchte ich nur hinzufügen, daß keineswegs blos ein „moralischer", sondern auch ein wirksamer äußerer Zwang ausgeübt wird.

Es ist vornehmlich ein von außen kommender Zwang, der die Reserveoffiziere zu Duellanten macht. Daher ist ihnen das Unheil, das sie anrichten, nicht ohne weiteres als persönliche Schuld anzurechnen. Oft läßt sich sogar beobachten, daß sie wider Willen zum Duell herausfordern oder eine Forderung annehmen. Ihr ehrliches deutsches Gefühl reagiert gegen die wälsche Unsitte. Manchmal indessen glauben wir doch zu erkennen, daß der eine oder andere in verbrecherischer Absicht von dem Duellzwang Gebrauch macht.

Gesteigert werden noch die Wirkungen des Duellzwangs dadurch, daß die Duellwaffe in den militärischen Kreisen Preußens fast nur die Pistole ist, d. h. die ungerechteste und verderblichste Waffe zugleich. — —

Außer von den Studenten und Offizieren wird auch von „dem Adel" behauptet, daß er dem Duell ergeben sei. Es ist richtig, daß mitunter der Duellstandpunkt von Abligen in einer abschreckend rücksichtslosen Art vertreten worden ist. So haben z. B. auf dem vereinigten Landtag von 1847 viele Ablige — und darunter solche, die sonst als Männer von Einsicht bekannt sind, — die Auffassung verteidigt, daß der Offizier, der wegen Verweigerung eines Duells aus der Armee entlassen worden ist, nicht Landtagsmitglied sein könne. Indessen wurde dieser wunderlichen Ansicht damals von anderer Seite, und zwar ebenfalls von Abligen[1]), sehr energisch widersprochen. Und überhaupt fehlt es keineswegs an Abligen, welche dem Duell nicht nur die unbedingte, sondern auch die bedingte Giltigkeit absprechen. Im „Deutschen Adelsblatt" (Jahrgang 1895) haben mehrere Stimmen (und nicht etwa blos katholische) sich mit aller nur wünschenswerten Bestimmtheit gegen das Duell erklärt. Wenn

---

[1]) So sagte z. B. der Abg. v. Massow: „Ich trete der Meinung bei, die gestern hier ausgesprochen ist, daß ein solcher Mann, der, ohne sein Verschulden beleidigt, aus religiösem Gefühle den Zweikampf verweigert, dennoch ein Ehrenmann sein und bleiben kann; ich kann ihn nicht für bescholten erachten." Der Abg. v. Barbeleben bemerkte: „Ich habe neuerdings gesehen, daß die achtungswertesten Männer in Folge der Erkenntnisse der Ehrengerichte aus dem Offizierstande haben ausscheiden müssen. Ich frage, ob es nicht der ganzen Versammlung eine Ehre sein würde, solche Männer, die sich trotzdem die allgemeine Achtung erhalten haben, in ihrer Mitte zu sehen." — In den Reden, die auf dem vereinigten Landtag zur Verteidigung des Duells gehalten wurden, spielte, wie natürlich, die irrige Anschauung eine große Rolle, daß es etwas urdeutsches sei. So z. B. meinte der Abg. v. Gaffron, das Duell sei „mit dem deutschen Wesen so verschmolzen, daß wir uns wohl hüten müssen, hierin die Sache anzutasten". Der Fürst Lynar sprach von der „alten ehrwürdigen Tradition", die „aus germanischen Überlieferungen auf uns gekommen ist, die wir mit Pietät bewahren und als ein heiliges Erbe wieder

dies im Organ des deutschen Adelstages geschieht, so darf man wahrlich nicht behaupten, daß der deutsche Adel geschlossen für den Duellstandpunkt eintritt. Ein deutscher Edelmann hat im Adelsblatt das wahre Wort gesprochen (Jahrgang 1895, S. 214): „Nicht die wahren, sondern nur die dunkeln Ehrenmänner haben ein Interesse an der Aufrechterhaltung der Duellpraxis." Es mag ferner an die Grafen Hermann und Alexander Keyserling (beide, namentlich Alexander, bekannt als intime Freunde des Fürsten Bismarck) erinnert werden. Sie haben sich (und zwar mit wenigstens teilweisem Erfolge) um die Beseitigung des Duells durch Einrichtung von Ehrengerichten in den deutsch-russischen Ostseeprovinzen verdient gemacht. Berner erwähnt in seinem Lehrbuch des deutschen Strafrechts unter den Schriften über das Duell, die er aufzählt, eine mit besonderer Auszeichnung, und dies ist gerade die eines Abligen, nämlich des Grafen Hermann Keyserling. Kürzlich hat ein Abliger (v. zur Mühlen) der deutsch-russischen Ostseeprovinzen auf einem Landtage zu Reval seine Meinung dahin geäußert, daß „eine Gesellschaft, welche den guten Ton ohne Duell zu erhalten versteht, einen höheren Standpunkt einnimmt als eine solche, die zu diesem Zweck des Duells bedarf".

Derjenige Teil des Adels, welcher auf Abschaffung des Duells dringt, ist zugleich derjenige, welcher sich der Pflichten, die der Adel hat, in besonderem Maße bewußt ist und auch in anderen Beziehungen für eine, im edlen Sinne des Wortes, hohe Stellung des Adels eintritt.

Jedenfalls läßt sich im 19. Jahrhundert das Duell nicht mehr als eine specifisch adlige Einrichtung ansehen. In dem ganz demokratisierten Frankreich steht das Duellwesen in üppigster Blüte, und gerade die Parlamentarier und Journalisten, die für seine Er-

---

unseren Kindern hinterlassen wollen". Andererseits darf man sich bei der jener Zeit eigentümlichen Neigung, auf Frankreich als Vorbild in Verfassungsfragen zu blicken, nicht wundern, wenn manche Redner sich für die Vortrefflichkeit des Duells auch auf Frankreich beriefen. So führte der Abg. v. Wolff-Metternich an, daß der französische Minister Guizot das Duell „eine Ergänzung der Civilisation und eine Garantie für das gesellschaftliche Zusammenleben" genannt habe. Und der Abg. v. Vincke fragte, warum man nicht, wie die politische Weisheit, so auch die Anschauungen über das Duell aus Frankreich übernehmen solle. In demselben Atem bezeichnete er freilich das Duell zugleich als etwas specifisch germanisches und führte für die Richtigkeit des Duellstandpunktes „namentlich die Ansicht der Engländer" an. Der leidenschaftliche Redner, dem nicht blos diesmal von seinem Wortschwall ein Streich gespielt wurde, übersah dabei, daß kurz vorher, und zwar ohne erhebliche Schwierigkeiten, das Duell in England ganz abgeschafft worden war! Übrigens hätte Vincke gewiß mit Vergnügen die Hand dazu geboten, das in Frankreich heimische parlamentarische Duell in Deutschland einzubürgern.

haltung sorgen, gehören keineswegs vorzugsweise dem Adel an. Das ausgeprägt aristokratische England hat das Duell zuerst von allen abendländischen Culturländern vollständig abgeschafft. In den deutsch-russischen Ostseeprovinzen, in denen der Adel gleichfalls sehr viel bedeutet, ist man wenigstens soweit gekommen, daß man die Ablehnung des Duells aus principiellen Gründen als durchaus berechtigt anerkennt.[1] Ganz neuerdings gehen auch vom Adel des Deutschen Reiches Bemühungen aus, welche dasselbe Ziel zu erreichen suchen. Der 15. Deutsche Adelstag hat am 4. März den Beschluß gefaßt, Ehrengerichte für die Mitglieder der Adelsgenossenschaft einzurichten, welche den Zweck haben, „auf ordnungsmäßigem Wege Ehrenhändel derjenigen Mitglieder zu schlichten, welche keinem anderen Ehrengerichte unterstehen und welche seine Entscheidung anrufen". Darüber giebt ein Mitglied des Deutschen Adelstages in einem im „Deutschen Adelsblatt" (S. 161 fg.) veröffentlichten Artikel nähere Aufklärungen. Der „ordnungsmäßige Weg" ist danach eine Erledigung von Ehrenhändeln unter Beachtung der bestehenden Gesetze und unter Vergleichsbedingungen, durch welche der Ehre der Beteiligten vollauf Genüge geschieht. Der Artikel fährt fort: „Die Competenz der Ehrengerichte bei Schlichtung von Ehrenhändeln soll auf einen ordnungsmäßigen Weg unbedingt beschränkt werden, so daß das Ehrengericht, resp. der Ehrenrat in keinem Falle weder auf Duell erkennen, noch durch Beteiligung bei einem solchen dasselbe sanctionieren darf. Hiernach ist natürlich nicht ausgeschlossen, daß Mitglieder der Deutschen Adelsgenossenschaft, welche glauben, ihre Ehrenstreitigkeiten nicht ohne Duell erledigen zu dürfen, ihrerseits doch zu einem solchen schreiten, jedoch ohne Anrufung und irgend welche Beteiligung des Ehrenrates oder Ehrengerichtes der Genossenschaft, so daß diese in keiner Weise eine Verantwortung für ein solches Duell trägt. Diese Competenzbeschränkung der Genossenschafts-Ehrengerichte wurde auf dem Adelstage vom referierenden Mitgliede des Vorstandes, ohne irgend einem Widerspruche zu begegnen, damit motiviert, daß es für die Adelsgenossenschaft eine Pflicht sei, den Grundsätzen derjenigen Mitglieder voll und ganz Rechnung zu tragen, welche das Duell principiell und unbedingt verwerfen. Durch die darauf erfolgte Annahme des Antrages hat nun der Adelstag sich seinerseits zu dem vom referierenden Vorstands-

---

[1] Vgl. den Bericht von Prof. Schiemann im „Deutschen Adelsblatt" 1895, S. 167.

mitgliede vertretenen Grundsatz bekannt und ausgesprochen, daß die principielle Verwerfung des Duells und die daraus folgende Ablehnung einer Forderung (selbstverständlich aus ehrenhaften Gründen) als eine an sich berechtigte Handlung zu betrachten sei, durch welche die Ehre des Betreffenden in keiner Weise verletzt werde..... Wir zweifeln nicht daran, daß der tiefere Sinn, welcher jenem Beschlusse des Adelstages zu Grunde liegt, mehr und mehr dazu beitragen werde, in allen abligen Kreisen die Begriffe über Ehre und Sühne von Ehrverletzungen zu klären, und daß seine Bedeutung sich einer allgemeinen Anerkennung erfreuen werde."

Dieser Beschluß des Deutschen Adelstages ist sehr bedeutungsvoll. Fortan darf niemand mehr (was freilich auch bisher nur mit dem Schein des Rechts geschehen ist) behaupten, daß das Bekenntnis zum Duellstandpunkt irgendwie eine wesentliche Eigenschaft des deutschen Edelmannes ausmache. Fortan darf niemand mehr sich mit seiner „Vornehmheit" brüsten, wenn er auf den sog. Ehrencodex schwört. Und eben deshalb wird der Beschluß auch eine heilsame Wirkung (übrigens keineswegs blos auf die abligen Kreise) ausüben. Man wird die ablige Haltung fortan mehr in wahrhaft abligen Tugenden suchen. Das Gefühl für eine wahrhaft ablige Haltung mußte beeinträchtigt werden, so lange manche Kreise den Gipfel der Ritterlichkeit im Duellstandpunkt zu sehen glauben konnten, so lange jeder dumme Junge den „Aristokraten" spielen konnte, wenn er die Pistole in die Hand nahm. Zum mindesten ist durch jenen Beschluß der Achtung vor der Überzeugung Ausdruck gegeben, ein Protest gegen die unritterliche Verhöhnung des anders denkenden eingelegt worden. Gerade vom Standpunkt abliger Gesinnung aus muß verlangt werden, daß man niemand die Ablehnung des Duells aus principiellen Gründen zum Vorwurf macht. Jeder, der die Worte ablig und ritterlich nicht für conventionelle Lügen hält — und ich denke, diese Worte haben in Deutschland noch einen guten Klang —, wird es als unablig und unritterlich bezeichnen, jemand zu verhöhnen, der das Duell aus Gewissensbedenken ablehnt, oder jemand zum Duell herauszufordern, von dem man vorher weiß, daß er es abzulehnen genötigt sein wird. Leider, leider wird aber die volle Verwirklichung der wahrhaft abligen Gesinnung in Deutschland durch das Zwangsduell, dem die Offiziere unterworfen sind, in weitem Umfange verhindert.

Außer bei dem Adel, den Offizieren und den Studenten soll nun aber, nach der Meinung einiger, das Duell noch weiter verbreitet sein. Es wird öfters behauptet, daß alle „Gebildeten" sich duellieren, oder, wie Constantin Rößler neulich sagte, „in den Kreisen des Heeres, der Universitäten, in den höheren Gesellschaftskreisen überhaupt" werde das Duell geübt. Rößler meint ferner, daß die Anhänger und Gegner des Duells sich nach den politischen Parteien sondern: die Gegner sind nach ihm „Demokraten und Socialdemokraten, Ultramontane und gewisse protestantisch Orthodoxe".[1]) Er entblödet sich nicht, die entschiedene Gegnerschaft gegen das Duell „brutal" zu nennen. Will er nicht vielleicht die Gegner des Duells auch noch als „Reichsfeinde" denuncieren?

Herr Rößler befindet sich über die Verbreitung des Duells vollkommen im Irrtum. Es soll „in den Kreisen der Universitäten" heimisch sein. Daß von den Studenten nur der kleinere Teil von ihm Gebrauch macht, haben wir schon bemerkt. Zu den Universitäten gehören aber außerdem auch noch Professoren, und von den Professoren hat sich noch nicht ein einziger duelliert. Beleidigungen kommen unter Professoren häufig vor. Es läßt sich schwerlich vermeiden, daß in den wissenschaftlichen Controversen gelegentlich Beleidigungen mit unterlaufen. Gerade viele der hervorragendsten Gelehrten haben ein kräftiges Wort geliebt. Die Neigung, der eigenen Ansicht einen rücksichtslosen Ausdruck zu geben, findet sich, wie Balan treffend sagt, oft gerade „bei den besten und edelsten Naturen". Aber trotz der verhältnismäßigen Häufigkeit der Beleidigungen ist es unter deutschen Professoren nie zu einem Duell gekommen. Wohl haben neuerdings ein paar Privatdocenten an Professoren Pistolenforderungen gerichtet. Natürlich aber hat dies Verfahren die energische Mißbilligung der öffentlichen Meinung gefunden[2]), und natürlich haben die Professoren die Forderungen abgelehnt. Die deutschen Professoren haben zu viel Selbstgefühl, um sich dem Duellcomment zu unterwerfen. Als im 16. Jahrhundert das Duellwesen in Italien in größter Blüte stand, schrieb der berühmte Jurist Alciati, der Gelehrte dürfe nicht zum

---

[1]) Er bringt also die Gegnerschaft gegen das Duell auch mit dem theologischen Standpunkt zusammen. Es ist nun ja richtig, daß die Vertreter der positiven Theologie das Duell entschieden verwerfen. Allein woher weiß Rößler, daß die liberalen Theologen sich zum Duell bekennen? Mir ist es nur von dem liberalen Theologen Schrempf in Württemberg (vgl. Ziegler, „Der deutsche Student", S. 95) bekannt, und auch dieser tritt keineswegs mit Bestimmtheit für das Duell ein. Ich glaube, die liberalen Theologen werden gegen Rößlers Classificierung entschieden protestieren.

[2]) Vgl. z. B. „Deutsches Adelsblatt" 1895, S. 166; „Vossische Zeitung" 1895, Nr. 364 und 367. Rechts und links stimmen in der Verurteilung jenes Verfahrens überein.

Zweikampf herausgefordert werden. Wenn man einen Gelehrten herausfordern sollte, so werde er antworten können, er verfüge über bessere Waffen, den Streit auszufechten.[1]) Die deutschen Gelehrten haben diesen stolzen Standpunkt auch noch im 19. Jahrhundert festgehalten, im Unterschied von den französischen und ungarischen, die vielfach eitel genug gewesen sind, sich dem Duellcomment zu unterwerfen. Was würde Alciati von den Gelehrten sagen, die seinem Grundsatz untreu geworden sind? Nun, er würde sagen, sie seien des Privilegs nicht würdig, das er ihnen zuspricht; sie verfügten eben nicht über bessere Waffen, als es die Duellwaffen sind. Wenn jemand sich der Privilegien seines Standes nicht für würdig hält, so kann man ihn nicht zwingen sie zu behaupten. Man kann niemand zwingen, besser von sich zu denken, als er es für zulässig erachtet.

Die Professoren, die sich nie duellieren, rechne ich trotz Herrn Rößler unbedingt zu den „höheren Gesellschaftskreisen". Herr Rößler scheint sehr exclusiv zu denken: er sieht als „höhere Gesellschaftskreise" offenbar nur Offiziere, Corpsstudenten und — sich selbst an. Ich muß den Kreis aber doch viel weiter ziehen.

Ich behaupte zunächst, daß die Großgrundbesitzer unbedingt zu den „höheren Kreisen" gehören. Wann hört man von Duellen zwischen Großgrundbesitzern? Im allgemeinen nur dann, wenn es sich um solche handelt, die zugleich Reserveoffiziere oder frühere active Offiziere sind. Aber selbst diese letzteren halten, glaube ich, den Duellstandpunkt nicht immer fest. Jedenfalls gehören Duelle von Großgrundbesitzern, die im höheren Mannesalter stehen, zu den seltenen Ausnahmen. Diese Seltenheit wird sich schwerlich aus dem Nichtvorkommen von Beleidigungen erklären. Die Großgrundbesitzer sind viel zu charaktervoll, um immer ein Blatt vor den Mund zu nehmen.

Zu den höheren Klassen rechne ich ferner Kaufleute und Industrielle in größter Zahl. Diese aber halten sich wiederum — etwa drei oder vier Fälle in der ganzen deutschen Geschichte ausgenommen — von dem Duellwesen vollkommen fern. Rößler wendet vielleicht ein, daß sich unter den Kaufleuten und Industriellen manche Parvenus finden. Das läßt sich nicht bestreiten. Allein mag man die Zahl der Parvenus auch recht hoch anschlagen, es bleibt unter den Kaufleuten und Industriellen doch noch ein starker Stamm

---

[1]) Armis meis, nimirum libris et doctrinarum auctoribus, ostendam, quantum artes tuae nostris sint inferiores, saxoque, ut, quod summus omnium oratorum dixit, cedant arma togae, concedat laurea linguae.

übrig, den man unbedingt zu den höheren Gesellschaftsklassen rechnen muß. Es giebt unter den deutschen Kaufleuten und Industriellen wirklich vornehme Persönlichkeiten erfreulicherweise in recht großer Zahl. Kaiser Wilhelm II. hat vor kurzem mit warmen Worten des stolzen und tüchtigen Patriziats der Stadt Bremen gedacht. Die Bremer aber, welche schon an den Kreuzzügen einen bedeutenden Anteil gehabt haben, wissen vom Duell nichts, während Personen, deren Vorfahren wahrlich in den Kreuzzügen noch nicht mitgefochten haben, heute mit dem angeblich altritterlichen Duell zu imponieren suchen. Und vornehme kaufmännische Familien besitzt Deutschland ja nicht bloß in Bremen und den anderen Hansestädten, sondern auch sonst noch an recht vielen Orten. Daß bei diesen das Duell nicht heimisch ist, das macht — ich möchte sagen — ein wesentliches Stück in den edeln und wahrhaft vornehmen Zügen ihres echt deutschen Charakters aus.

Zu den höheren Klassen zähle ich auch die Geistlichen und die Gymnasiallehrer. Herr Rößler, bei seinem exclusiven Standpunkt, schließt sie, wie es scheint, davon aus. Aber will er sich auch weigern, sie zu den **gebildeten** Klassen zu rechnen? Ich denke, sie sind die unentbehrlichsten Stützen der deutschen Bildung. Hat Herr Rößler nie etwas von der Bedeutung des evangelischen Pfarrhauses für die deutsche Bildung gehört? Nun, die Gymnasiallehrer und die Geistlichen halten auch nichts vom Duell.

Es ist überflüssig, die weiteren Kreise der höheren Klassen durchzugehen, um Herrn Rößler noch gründlicher zu widerlegen. Man wird, wohin man auch blickt, überall die Überzeugung gewinnen, daß es in Deutschland hauptsächlich nur zwei Arten von Duellen giebt: das Renommageduell der Studenten und das Zwangsduell der Offiziere. Man vergegenwärtige sich die Duelle des letzten Jahres: bei allen sind, soweit es sich nicht um studentische Duelle handelte, Offiziere beteiligt gewesen, und zwar haben sich bei den meisten beide Duellanten im Militärverhältnis befunden.

Nun giebt es allerdings noch ziemlich viel Personen, die wenigstens theoretisch den Duellstandpunkt vertreten. So z. B. halten viele Großgrundbesitzer principiell das Duell für unvermeidlich.[1])

---

[1]) Die Zeitungen brachten kürzlich folgende Notiz: „Der durch sein absonderliches Duell mit seinem Schwiegersohn v. Hühnerbein in letzter Zeit viel genannte Kreisdeputirte und Landesälteste v. Sprenger gehörte bis jetzt dem Kreisausschusse zu Jauer an. Da seine Mitgliedschaft nun ihr Ende erreicht hatte, schlug der Vorsitzende des Kreistages in der letzten Sitzung die Wiederwahl des Herrn v. Sprenger durch Acclamation vor. Hierauf bean-

Praktisch indessen davon Gebrauch zu machen hindert sie ihr gesunder deutscher Sinn; und ein Zwang, wie auf die Offiziere, wird ja auf sie nicht ausgeübt. Es giebt weiter manche Professoren, die das Duell theoretisch verteidigen, ohne sich persönlich zu duellieren. Besonders auffällig ist es mir ferner, daß einzelne übrigens eben nur vereinzelte Socialpolitiker, die für die Rechte des Arbeiterstandes eintreten, sich zur Duelltheorie bekennen. Nichts beleidigt doch den Arbeiterstand mehr als die Theorie von der Satisfaktionsfähigkeit mit ihrem unsittlichen Hochmut und die thatsächliche Bevorzugung der Duellanten aus den sog. besseren Kreisen. Jene Socialpolitiker werden doch nicht etwa deshalb der Duelltheorie das Wort reden, weil das Duell die oberen Zehntausend decimiert und moralisch ruiniert und damit ihre Stellung untergräbt![1] Sodann ist noch eine Klasse von theoretischen Freunden des Duells zu erwähnen. Es ist mir aufgefallen, daß stets alte Jungfern und ältere junge Damen für das Duell und für diejenigen, die einen Gegner im Duell getötet haben, schwärmen. Stets wird mir eine gelehrte Damengesellschaft in Erinnerung bleiben, die über das Duell debattierte. Am heftigsten, mit wahrer Leidenschaft, wurde der Duellstandpunkt von einer [illegible] alten Jungfer und ziemlich von ihrem [illegible] Neffen vertreten, während die schärfsten Gegner des Duells solche waren, denen nicht nur die Zunge, sondern auch das Herz und der Kopf vollkommen gesund waren. Woraus erklärt sich die ja übrigens ganz unschädliche Vorliebe jener älteren Fräulein für das Duell? Es ließe sich manches darüber sagen. Eines aber wird genügen: ihnen ist das Hirn ebenso eingetrocknet wie dem Don Quixote. Und ferner: ist nicht auch eine

---

[illegible] ein Rittergutsbesitzer geheime Abstimmung [illegible] Stimmzettel. Die Folge davon war, daß Herr v. [illegible] von [illegible] abgegebenen Stimmen nur 6 erhielt, so daß er [illegible]. Man ersieht daraus, daß man [illegible] des Duells bei den Großgrundbesitzern [illegible]. [illegible] Schimmer stimmten, [illegible] Beamte, [illegible] Reserveoffiziere. [illegible] ist bekanntlich [illegible].

[1] Die demokratische Berliner „Volkszeitung" hat von ihrem Standpunkt aus vollkommen recht, wenn sie 1896 Nr. [illegible] schreibt: „Wenn sich der systematische und in künstlerischen [illegible] auf unsere männlichen [illegible] nach Art des [illegible] beschränkte, so könnte man vielleicht noch ein Auge zudrücken, da es wirklich schwer ist, genau festzustellen, wozu diese Klasse von [illegible] in wirtschaftlicher und [illegible] Beziehung nütze ist, es also gleichgültig sein könnte, ob sie sich gegenseitig ausrotten. Allein daß auch Bürgerliche, deren Väter und Großväter noch zur [illegible], zur Roture gehört haben, zum Schießprügel greifen, macht die Mordwut zu einer ernsten Angelegenheit." Und ebenso bemerkt die socialdemokratische „Leipziger Volkszeitung" herausgegeben von dem Abg. Schönlank am 15. April 1896 ganz

Übereinstimmung in der traurigen Gestalt vorhanden? — Man kann nun den rein theoretischen Anhängern des Duells nicht ohne weiteres aus ihrem Standpunkt einen Vorwurf machen. Aber es kommt leider vor, daß jemand, der theoretisch das Duell verteidigt und den, der eine Forderung ablehnt, deshalb sogar verdächtigt, auf sich selbst trotzdem die gröbste Beleidigung sitzen läßt, ohne zum Duell zu schreiten oder sonst darauf zu reagieren. Diese Species stellt die wahren Feiglinge, die verächtlichsten Feiglinge dar.

Sehr interessant ist die Stellung, die die deutsche Presse gegenüber dem Duellwesen einnimmt. Man darf sagen, daß sie — mit wenigen, sogleich näher zu bezeichnenden Ausnahmen — entweder (und dies ist der größere Teil) das Duell verwirft oder wenigstens eine starke Einschränkung des Duells verlangt. Es ist zwar kürzlich behauptet worden, daß die lebhafte Kritik, die die Presse in den letzten Monaten geübt hat, lediglich ein „Sturm der demokratischen Presse" sei. Diese Behauptung entspringt aber entweder bösem Willen oder absoluter Unkenntnis. Denn jeder, der überhaupt Zeitungen liest, weiß, daß mehrere conservative Zeitungen sich über das Duell mindestens ebenso scharf wie die fortschrittlichen Blätter geäußert haben. Die „Kreuzzeitung" hat wenigstens ein Eingesandt veröffentlicht, das unbedingte Beseitigung des Duells verlangte und das nicht etwa von einem Bürgerlichen, sondern einem Adligen herrührte. Die „Kreuzzeitung" ist überhaupt seit dem Abgang des unvergeßlichen Hammerstein, soviel ich weiß, nie unbedingt für das Duell eingetreten. Ferner hat die „Kölnische Zeitung" Maßregeln gegen das Duellunwesen verlangt. Ist sie ein demokratisches Blatt?

---

consequent: „Wenigstens was die Person der Herren anbetrifft, so läßt uns das völlig kalt, ob sie es vorziehen, statt ein paar Löcher in die Luft, sich gegenseitig in den bedenkenswerteren Leib zu schießen. In einem wie im anderen Falle wird die Welt über schmerzliche Verluste nicht zu klagen haben und könnte wie über einen gefallenen Droschkengaul beruhigt zur Tagesordnung übergehen." Andererseits darf man an der Aufrichtigkeit der Socialdemokraten, wenn sie das Duell bekämpfen, nicht zweifeln. Die unsittliche Theorie von der Satisfactionsfähigkeit und die staatliche Privilegierung des Duells müssen den Arbeiterstand aufs höchste empören. Will man den Arbeitern verbieten, sich über solche schreiende Ungerechtigkeit zu beklagen? Auch darf man den Socialdemokraten keinen erheblichen Vorwurf daraus machen, daß sie sich gelegentlich über die „faule Zersetzung der bürgerlichen Gesellschaft", die durch das Duellwesen sowohl bewiesen wie weiterhin befördert werde, freuen. Denn erstens trifft dies Urteil über die bürgerliche Gesellschaft ja in der Tat zu. Und zweitens freut sich wohl jede Partei über die Zersetzung in den Reihen der Gegenpartei. Jene Urteile der demokratischen Blätter sollten aber die oberen Zehntausend ernstlich daran erinnern, welche Vorteile ihnen die Aufrechterhaltung des Duellwesens bringt.

Jebermann weiß, daß sie heute eine Gegnerin demokratischer Bestrebungen und als solche auch schon wiederholt Gegenstand von Angriffen gewesen ist. Sehr energische Artikel gegen das Duellwesen haben weiter die „Nationalzeitung", die „Münchener Neuesten Nachrichten", der „Hamburger Correspondent" und der „Hannoversche Courier" gebracht. Sind sie demokratische Blätter? Nun giebt es ja allerdings auch Zeitungen, die von energischen Maßregeln gegen das Duellwesen nichts wissen wollen, die es sogar rücksichtslos verteidigen oder wenigstens kein Wörtlein gegen das Unwesen sagen. Diese Ausnahme machen jedoch hauptsächlich nur zwei Gruppen von Zeitungen. Die eine Gruppe bildet die officiöse Presse.[1]) Die andere bilden die Zeitungen, deren Redactionen in der Furcht leben, es könnte etwa ein Offizier, der das Blatt bisher gehalten hat, wegen eines gegen das Duell gerichteten Artikels das Abonnement aufbestellen. Solche Befürchtungen dürften zwar im großen und ganzen unbegründet sein; denn Zeitungen, die gegen das Duell schreiben, werden auch von Offizieren massenhaft gehalten. Indessen die Furcht besteht nun einmal und beeinflußt jene „unabhängigen" Organe. Nichts aber ist charakteristischer für die Natur des Duells in Deutschland, als daß es seine Hauptverteidiger in der — officiösen Presse, resp. in den Blättern, die den leitenden Kreisen nahe stehen, hat! Die officiöse Presse und die officiösen Kreise sind die Hauptstütze des Duells in Deutschland! Es läßt sich im großen und ganzen beobachten, daß eine Zeitung desto mehr dem Duell geneigt ist, je näher sie der Regierung steht. Und ich glaube ferner bemerkt zu haben, daß eine und dieselbe Zeitung in ihren Urteilen über das Duell wechselt, je nachdem sie der Regierung zu gefallen oder ihr eine Lection zu geben sucht. Liefert diese Tatsache nicht den vollgiltigen Beweis, daß das Duell in Deutschland eine von Staatswegen cultivierte Treibhauspflanze ist? Die Haltung der officiösen Presse steht vollkommen im Einklang mit der anderen nicht weniger bezeichnenden Tatsache, daß bei Debatten über das Duell im Reichstag seine eifrigsten Verteidiger regelmäßig die Vertreter der Regierung sind. Das sollte doch die Regierung selbst stutzig machen.

Wenn nun aber auch ein Teil der Zeitungsredacteure die Duelltheorie verteidigen zu müssen glaubt, so scheint dies doch ganz überwiegend aus äußeren Gründen zu geschehen. Denn daß ein deutscher Zeitungsredacteur praktisch die Duelltheorie vertritt, kommt

---

[1]) Einzelne officiöse Blätter haben übrigens doch auch das Duellwesen getadelt.

Zeit bleibt es wahr, daß die Moralität Deutschlands zum Teil darin ihren Grund hat, daß die meisten Deutschen vom Duell nichts wissen wollen. —

Die Abneigung der Deutschen gegen das Duell hat einen charakteristischen Ausdruck darin gefunden, daß seine Anwendung bei gewissen Arten von Beleidigungen als unangemessen gilt. Bei Beleidigungen, die in parlamentarischen, wissenschaftlichen und überhaupt litterarischen Auseinandersetzungen vorkommen, schreiten im allgemeinen auch diejenigen nicht zum Duell, die sonst den Duellstandpunkt vertreten. An sich ist diese Beschränkung der Anwendung des Duells etwas wunderliches. Denn wenn das Duell wirklich ein gutes Mittel zur Ausgleichung von Ehrenhändeln ist, warum soll es für jene Fälle unbrauchbar sein? Warum soll es nur anwendbar sein, wenn etwa zwei Reserveoffiziere an einem nationalen Feiertage oder auf einem Maskenball dem Sekt zu sehr zusprechen und dann sich Liebenswürdigkeiten sagen, von denen sie am anderen Tage nichts mehr wissen? oder wenn jemand, der zuchthauswürdige Taten vollbracht hat, sie durch eine Duellforderung zudecken will? Wenn das Duell ein gutes und ernstes Mittel zur Erledigung von Ehrenhändeln ist, dann müßte es doch vor allem in ernsten Fällen, in solchen, in denen es sich um tiefe und große Gegensätze handelt, Anwendung finden. Allein es ist eben ein ganz miserables Mittel, und die Anhänger des Duells haben selbst, wenn auch unbewußt, durch jene Beschränkung der Anwendbarkeit das Geständnis abgelegt, daß es eigentlich doch nur für Erledigung von Albernheiten und zur Vertuschung von Verbrechen geeignet sei.

Die Beschränkung der Anwendbarkeit kann man wohl als ein Compromiß zwischen den Anhängern und den Gegnern des Duells ansehen. Die Neigung, es auf parlamentarische und litterarische Beleidigungen auszudehnen, haben jene wohl bekundet. Es läßt sich an sehr bekannten Beispielen bis zur Evidenz nachweisen, daß das parlamentarische Duell zweifellos auch nach Deutschland eingedrungen wäre, wenn den bezüglichen Versuchen der Anhänger des Duells nicht ein energischer Widerstand von seinen Gegnern entgegengesetzt worden wäre. Denjenigen, welche in den deutschen Parlamenten Duellforderungen abgelehnt haben, kommt ein hervorragendes nationales Verdienst zu; sie haben die nationale Ehre gewahrt. Ohne ihren Widerstand würden zweifellos die Zustände des französischen, italienischen, ungarischen Parlaments in Deutschland etabliert worden sein.

Wir haben soeben auf das Ausland verwiesen. Die Betrachtung der Verbreitung des Duells im Auslande leistet sehr gute Dienste, wenn wir die deutschen Verhältnisse würdigen wollen.

Das Duell ist in Deutschland ein Frembling; seine Heimat hat es in den romanischen Ländern. Hier hat es aber auch noch heute seinen classischen Standort; hier ist es ein wirklich nationales Laster. In Concurrenz mit ihnen vermag nur noch Ungarn zu treten. Die Ungarn widmen sich dem Duellwesen mit ganzer Seele. Der ungarische Graf E. hatte im Jahre 1889 schon siebzig Duelle gehabt und sechs Gegner ums Leben gebracht.¹) In Ungarn findet ein Zweikampf gelegentlich „in dem Saal einer Kaserne statt, welcher gewöhnlich kirchlichen Zwecken dient; auch ist in demselben einige Stunden vor dem Duell der Sonntagsgottesdienst abgehalten worden".²) Die Ungarn sind aber auch keine Germanen! Die Polen und Russen — gleichfalls keine Germanen! — haben sich das Duell schnell angeeignet: namentlich die Polen scheinen viel dafür übrig zu haben. Auch die Montenegriner haben ihm ihre Sympathieen zugewandt. Kein Staat übt gegen das Duell so viel Nachsicht wie Montenegro. Man will hier offenbar den Mangel an Cultur durch die Pflege eines französischen Lasters ergänzen.

Der erste europäische Staat, der das Duell vollkommen abgeschafft hat, ist ein germanischer, England.³) In germanischen Staaten wie Holland und Norwegen ist das Duell so gut wie unbekannt.

Sehr interessant ist das Verhältnis in den vereinigten Staaten von Nordamerika. In der ersten Hälfte des 19. Jahrhunderts kam ein Duell in den germanischen Staaten äußerst selten (in New=York z. B. in dreißig Jahren nur eines), in denen mit romanischer Bevölkerung und französischen Sitten, wie z. B. in New=Orleans, oft vor.⁴) In Louisiana waren die Duelle so häufig wie irgendwo sonst und hier noch verbunden mit einem Beigeschmack indianischer Art. Heute ist das Duell in ganz Nordamerika so gut wie verschwunden. Das sog. amerikanische Duell giebt es in Amerika bekanntlich nicht. Die Mittel zur Beseitigung des Duells sind in Nordamerika strenge Strafen gewesen, z. B. außer

---

[1] Wiesinger, „Das Duell" (Graz 1895), S. 147.
[2] Wiesinger a. a. O. S. 153.
[3] Vgl. das nähere bei Th. Martin, „Das Leben des Prinzen Albert", übersetzt von E. Lehmann, Band I (Gotha 1876), S. 169 fg.
[4] Vgl. Mittermaier, „Archiv des Criminalrechts" 1834, S. 362 fg.; Gneist, „Der Zweikampf und die germanische Ehre", S. 33.

Gefängnis hohe Geldstrafen, Ausstellung am Schandpfahl, Entziehung der Berechtigung zu öffentlichen Ämtern.

Wir sehen also: die Romanen, Ungarn, Montenegriner, Polen, Russen, Indianer schwärmen für das Duell; nur die Germanen nicht. Damit steht es denn in Übereinstimmung, daß es bei uns heute fast lediglich durch staatlichen Zwang aufrechterhalten wird.[1])

Die Notwendigkeit der Beseitigung des Duells.

Ich kann mich nie eines Lächelns erwehren, wenn ernsthafte Leute über die „Unausrottbarkeit" des Duells in Deutschland klagen. Was ist denn bisher versucht worden, um es auszurotten? Sind wirklich so energische Versuche gemacht worden, daß man von der Unmöglichkeit

---

[1]) Wir dürfen freilich nicht zu hochmütig auf andere Völker herabblicken. Es ist bei uns leider auch schon recht weit gekommen. Zu dem vorhin erwähnten Fall aus Ungarn vgl. den bekannten Artikel der „Kölnischen Volkszeitung" (1896, Nr. 236): „Der Duellunfug steht gegenwärtig in so üppiger Blüte, daß alles, was sich über den ‚Kampf für Religion, Sitte und Ordnung' lustig macht, seine helle Freude daran haben muß. Neuerdings scheint es sogar Sitte zu werden, daß für Duellanten aus den höchsten Kreisen schon vorher Reclame gemacht wird für ihre verbrecherischen Schießereien. Kaum hatte Herr v. Kotze seine ‚Satisfactionsfähigkeit' wiedererlangt, da wurde schon gemeldet, er werde sich demnächst mit Herrn v. Schrader schlagen. Das ‚Kleine Journal', welches immer am besten über den ‚Schießstand' und andere Scandale in den höchsten Kreisen unterrichtet zu sein scheint, mußte am Samstag gleich von zwei bevorstehenden ‚interessanten Duellen' zu berichten. Zunächst erzählte es, das Duell zwischen Herrn v. Kotze und Herrn v. Schrader habe sich nur verzögert, weil Herr v. Schrader sich in den letzten Tagen in England befunden habe, wo eines seiner Pferde im Rennen lief; jetzt sei er in Holland zum Begräbnisse seiner Tante. Sobald er zurückgekehrt sei, werde das Schießen losgehen: zehn Schritt Barriere und Kugelwechsel bis zur Kampfunfähigkeit. Das zweite Duell finde am Morgen des ersten Osterfeiertages zwischen zwei Herren der aristokratischen Gesellschaft statt; es handele sich dabei um eine Frau. So feiern also die Herren hohe kirchliche Feste. Im vorigen Jahre fand bekanntlich der Zweikampf zwischen Herrn v. Kotze und Herrn v. Reischach, wobei Herr v. Kotze einen Schuß in den Oberschenkel erhielt, am Morgen des Charsamstag statt. Zwischen drei

der Beseitigung irgendwie sprechen kann? Die Mehrheit der deutschen Studentenschaft hat allerdings das studentische Duell über Bord geworfen. Es haben ferner einzelne Personen sich nicht gescheut, ein wahres Wort über das Duell zu sprechen, und es haben ebenso einzelne Personen den Mut besessen, eine Duellforderung abzulehnen. Sonst aber ist nichts für die Beseitigung des Unwesens geschehen. Vor allem hat der Staat seine Pflicht nicht nur versäumt, sondern sogar ihr zuwidergehandelt, indem er den Duellzwang gegenüber den Offizieren rücksichtslos handhabt.

Ganz unbestraft läßt ja freilich auch der Staat des 19. Jahrhunderts die Duellanten nicht. Sie werden zu Festungshaft verurteilt. Allein aus dieser „poetisierenden" Festungshaft, wie man sie treffend genannt hat, macht sich kaum jemand etwas. Sie erscheint in gewissen Kreisen, wenn sie in Folge eines Duells verhängt wird, fast wie eine Auszeichnung. Lästig ist sie auch kaum. Denn selbst wenn die Gerichte noch auf einen längeren Zeitraum erkennen, so wird er im Gnadenwege doch regelmäßig verkürzt. Früher war er wenigstens so lang, daß der verurteilte leicht der Versuchung verfiel, sich aus Langeweile den Trunk anzugewöhnen. Heute reicht er nur für ein paar Katzenjammer aus; mitunter ist er selbst dafür zu

---

Herren der Hofgesellschaft war damals gelost worden, wer zur Wiederherstellung der ‚Ehre' Herrn v. Kotze totschießen oder sich von ihm totschießen lassen solle; erst beim achten Kugelwechsel hatte Herr v. Kotze seine Ehre erhalten. Dem Verwundeten aber bezeugten hohe Herrschaften ihre lebhafte Teilnahme. Der ‚Reichsbote' entrüstete sich damals, daß man die Schießerei zu so heiliger Zeit vorgenommen habe; im ‚Reichsboten' hat man eben keinen Begriff von ‚Ehrenhändeln'. Solche Händel dürfen auch am Charsamstag oder am hochheiligen Osterfeste von frommen Christen und Thronstützen ausgefochten werden. Wie es am ersten Ostertage bei dem Zweikampfe abgelaufen ist, ist uns noch nicht bekannt. Da man aber einmal angefangen hat, solche Raufereien vorher anzukündigen, so könnte man im Interesse der genauen Berichterstattung künftighin wohl auch Ort und Stunde genau angeben. Vielleicht ladet man überhaupt das Publikum auf den Anschlagsäulen zu dem Schauspiel ein und stellt zugleich einen Totalisator auf, damit das Publikum auf den Ausgang der Schießerei Wetten veranstalten kann und so ein größerer Reiz ausgeübt wird. Das Eintrittsgeld kann man ja, so weit es nicht für Pistolen, Munition, Arzt und Begräbniskosten verbraucht wird, zum Bau einer Kirche spenden, in der dem Volke Moral und Religion gepredigt wird. Dann wäre doch wenigstens die Ironie und der Hohn auf Vernunft, Moral und Religion consequent durchgeführt. Und ausarten muß offenbar der Unfug noch mehr, wenn ihm endlich Einhalt getan werden soll." Zu diesem Artikel ist nur zu bemerken, daß er das persönliche Verschulden Kotze's und Schrader's zu hoch anschlägt. Beide sind ja mehr wider Willen zum Duell gedrängt. Kotze sogar bestraft worden, weil er das Gericht angerufen hatte.

kurz. Wir wollen unser Vaterland nicht schlechter machen, als es ist. Soweit wie in Ungarn, wo wegen eines Duells überhaupt kaum mehr Klage erhoben wird, sind wir ja noch nicht. Aber irgend welche erheblichen Unannehmlichkeiten hat ein Duellant, der seinen Gegner erschießt, jedenfalls auch in Teutschland nicht zu erwarten. Die einzige empfindliche Strafe, die meistens wohl noch ihre Wirkung ausüben wird, ist der Druck des Gewissens über die unselige Tat. Allein wir sind ja so herrlich weit gekommen, daß schon ein Duellant zum glücklichen Ausgang des Duells — in dem er seinen Gegner niedergeschossen hat! — in seinen Salons die feierlichen Glückwünsche seiner Bekannten entgegennimmt. Das Gewissen scheint also manchmal ohne große Mühe zur Ruhe gebettet zu werden.

Während nun der Staat auf der einen Seite die Duellanten so gut wie gar nicht bestraft, verfolgt er andererseits diejenigen, die sich nicht duellieren wollen, mit der rücksichtslosesten Härte. Der Staat bestraft den Offizier, der sich nicht duellieren will, der sich also, um mit Kaiser Joseph II. zu reden, für etwas besseres als einen römischen Gladiator hält, ohne Erbarmen mit Dienstentlassung. Besonders schwer wirkt diese Strafe auf die activen Offiziere. Man weiß, welche wahrhaft verzweifelte Stimmung sich oft selbst solcher Offiziere bemächtigt, die in allen Ehren und mit einer hohen Pension den Abschied erhalten. Nun aber die Offiziere, die als Duellgegner mit schlichtem Abschied entlassen werden! In sehr vielen Fällen bedeutet dies ihren vollen Ruin. Der aus Neigung ergriffene Beruf ist dahin. Pension wird ihnen nicht gezahlt. Berechtigung auf Anstellung im Civildienst besitzen sie auch nicht. Um einen freien Beruf zu ergreifen, dazu sind sie schon zu alt oder ihr bisheriger Bildungsgang nicht ausreichend. Überall wird ihnen der Staat hindernd in den Weg treten. Zu allem kommt die Verdächtigung der Stänker und Waschweiber, die ihnen aus der Ablehnung des Duells einen ehrenrührigen Vorwurf machen. Wenn ein Offizier diese Eventualitäten vor sich sieht, hat er dann noch freie Wahl? Nur ein ungewöhnlich starker Charakter wird unter solchen Umständen den Mut haben, sich als Gegner des Duells zu bekennen. Die meisten werden sich sagen, daß das weniger unangenehme denn doch das Risico, im Duell erschossen zu werden, ist, daß ja schließlich nicht jede Kugel trifft und es vielleicht mit einer bloßen Verwundung abgemacht ist. Man spricht davon, daß der Offizier die Ehre höher schätzen müsse als das Leben. Der Staat benimmt ihm aber die Möglichkeit, dies im Duell zu bewähren. Für den Offizier, der sich einem Duell unterziehen soll, handelt es sich gar nicht um jene Gegensätze. Er hat nur zu wählen zwischen einem bequemen Leben, in dem ihn das Duell erhält, und einem Leben voller Entbehrung, in das ihn die Ablehnung des Duells stürzt. Man denke sich einen Major mit sieben Kindern oder einen Lieutenant, der den Soldatenberuf als ultimum refugium ergriffen hat, oder einen Generalstabsoffizier, der mit Leib und Seele Militär geworden ist und eine glänzende Laufbahn vor sich zu sehen glaubt — sie wissen, daß ihre höchsten und ihre letzten Hoffnungen fehlschlagen, falls sie sich als Gegner des Duells bekennen; wenn sie Bedenken gegen das Duell haben, so werden diese kaum aufkommen können. Wird der alte Familienvater gefragt, ob er sich duellieren wolle, — „um jeden Preis", ruft er aus; „nehmt mir nur nicht meinen Majorsposten; lieber zwanzig Kugeln in den Leib; lieber mit glühenden Zangen gezwickt werden". Es darf nicht verkannt werden, daß ihn noch ein gewisser idealer Zug dabei leitet. Stirbt er im Duell, so erhält wenigstens noch seine Frau eine Witwenpension und für die Kinder Erziehungsgelder. Er weiß, daß seine Angehörigen, wenn er sich als Gegner des Duells bekennt, mit ihm ein Tagelöhnerleben teilen müssen. Es ist traurig, daß der Staat seine Offiziere in eine so unfreie Stellung drängt. So, wie die Dinge jetzt liegen, muß man viel mehr den Mut desjenigen Offiziers schätzen, der sich offen als Gegner des Duells zu erkennen giebt, als den des Offiziers, der die ihm vom Staate in die Hand gedrückte Pistole annimmt. Der letztere kann ebenso gut aus Feigheit, Verzweiflung, Indolenz, Bequemlichkeit die Pistole losdrücken wie aus Tapferkeit. An sich beweist die Bereitwilligkeit zum Duell jedenfalls gar nicht die Existenz von Mut. Die deutschen Offiziere haben bei anderen Anlässen glänzende Beweise von Mut geliefert. Die Tatsache aber, daß sie sich duellieren, beweist, wenigstens an sich, nicht das allermindeste für ihren Mut. — Nicht so hart wie die activen Offiziere trifft die Ausstoßung aus dem Offiziercorps die Offiziere des Beurlaubtenstandes. Aber eine sehr empfindliche Maßregel ist sie doch auch für diese. Zunächst werden sie fortan als gemeine Soldaten eingezogen. Ferner dürfen die bisherigen Kameraden — auf Anweisung staatlicher Organe!! — mit dem ehemaligen Reserveoffizier, der, seiner Überzeugung und dem staatlichen Strafgesetzbuch folgend, sich als Gegner des Duells bekannt hat, nicht weiter verkehren. Die üble Nachrede der Stänker und Waschweiber muß er sich auch gefallen lassen. Es wird sodann darauf ankommen, in welchem Berufe er steht. Ist er etwa Regierungsassessor, so wird wohl nur ein wirklich charaktervoller Regierungspräsident die Festigkeit haben, ihn in seinem Amte zu schützen. Als Richter wird er weniger belästigt werden. Doch ist es nicht ausgeschlossen, daß der Staat auch dem Richter, der wegen seiner Gegnerschaft gegen das Duell aus dem Offiziercorps entlassen ist, bei einem etwaigen Avancement Hindernisse in den Weg legt. Überall ist es in erster Linie der Staat, der das Duell privilegiert und die Duellgegner verfolgt.

Wenn man unter diesen Umständen von der „Unausrottbarkeit" des Duells spricht, so kann man damit nur meinen, daß man entweder nicht den Mut oder nicht die Kraft zu haben glaubt, den Staat zur Aufhebung des Duellzwangs zu nötigen. Was man sonst zur Begründung der „Unausrottbarkeit" des Duells anführt, ist nicht ernst zu nehmen. Man weist auf die Mängel unseres Gerichtsverfahrens hin. Man tadelt seinen formalistischen Charakter. Als ob das Duell nicht ein rein formelles, das allerformalste Verfahren wäre, das man sich denken kann! Als ob nicht das Duell überhaupt das allermiserabelste Rechtsmittel wäre, das die Weltgeschichte kennt! Im Ernste glaubt ja übrigens auch kaum jemand, daß ein Duellant sich zum Duell entschließt, weil er auf Grund sorgfältiger Prüfung zu der Überzeugung von der Unzulänglichkeit des gerichtlichen Verfahrens gelangt. Nein! Die Motive zum Duell liegen ganz anderswo. Gelegentlich entspringt eine Forderung einem augenblicklichen Affect. Eine andere Ursache ist der Gedanke, daß es nun einmal „nobel" sei, sich zu duellieren. Weitere Duellforderungen sollen Untaten verdecken. Das Hauptmotiv ist aber immer der staatliche Zwang zum Duell. Das gerichtliche Verfahren mag mangelhaft sein. So schlecht aber, wie es die Duellanten machen, ist es durchaus nicht. Systematisch wird es von den Duellanten verdächtigt, lediglich zu dem Zweck, damit sie das Duell mit einem Schein des Rechts verteidigen können. Ein Rechtsanwalt, der seinen Lebensunterhalt aus der Führung von Processen vor Gericht (auch von Beleidigungsprocessen) zieht, erklärt als „alter Corpsstudent" oder als „Reserveoffizier" den gerichtlichen Weg in Ehrenstreitigkeiten für unnobel. Was dabei aber den Vaterlandsfreund am meisten empören muß, ist der Umstand, daß jene Verdächtigungen in erster Linie von solchen Kreisen ausgehen, die sich zugleich als specifische Stützen der Regierung ausgeben. Die Socialdemokraten tragen nicht eine so verletzende Verachtung des staatlichen Gerichtswesens zur Schau, wie die angeblich patriotischen Verteidiger der Duelltheorie. Man verbessere das Gerichtsverfahren nach jeder Richtung hin. Die Zahl der Duelle wird trotzdem nicht um einen einzigen Fall abnehmen, so lange noch der staatliche Duellzwang aufrechterhalten wird. Der Staat commandiert ja einfach seine Offiziere zum Duell.

Hieraus aber ergiebt sich zugleich, auf welchem Wege das Duell in Deutschland beseitigt werden kann und muß: durch die Aufhebung des unsittlichen staatlichen Duellzwangs. Es werden zwar noch einige andere Maßnahmen hinzukommen müssen. Die Hauptsache ist aber die Aufhebung des Duellzwangs. Sie muß allem anderen vorangehen. Und eben deshalb, weil das Duell in Deutschland im wesentlichen nur auf diesem Zwang beruht, ist seine Beseitigung auch außerordentlich leicht, ist die einfachste Sache von der Welt. Es bedarf nur eines Federstrichs, eines Federstrichs von der Hand des deutschen Bundesfeldherrn.

Die Notwendigkeit der Beseitigung des Duells braucht heute in Deutschland nicht mehr discutiert zu werden. Jeder unabhängige Mann sieht sie ein und verlangt sie. Wir wollen uns aber doch, an der Hand unserer obigen Ausführungen, die Hauptgründe, welche die Beseitigung des Duells erheischen, noch einmal kurz vorführen. Die Beseitigung ist zunächst eine Forderung der Religion; alle religiösen Bekenntnisse verwerfen das Duell. Sie ist ferner eine Forderung der nationalen Idee. Das nationale Selbstgefühl empört sich dagegen, daß die wälsche Duelltheorie, das Product einer verkommenen Gesellschaft, dem deutschen Volke aufgedrängt wird. Wenn die Nation nichtswürdig ist, die nicht ihr alles an ihre Ehre setzt, so wäre die deutsche Nation nichtswürdig, wenn sie nicht den lebhaftesten Protest gegen die Aufdrängung des sog. „Ehrencodex", den die ehrlose Gesellschaft des siècle de Henri III hervorgebracht hat, einlegte. Die Beseitigung des Duells ist nationale Ehrensache und Ehrenschuld. Sie ist weiter eine Forderung der Sittlichkeit und des Rechts. Das Duell streitet, wie Graf Keyserling sagt, „gegen alle sittlichen Vorstellungen von Recht". Es ist ein Palladium der Unsittlichkeit und der Rechtsverletzung. Es ist namentlich in unserm modernen Rechtsstaate nicht mehr am Platze. „Es löst das heute herrschende System einer friedlichen Rechtsverwirklichung auf und drängt unser staatliches Leben dadurch von den Grundlagen herab, auf welche es ein mehrhundertjähriger Fortschritt gestellt hat." [1]) Vergegenwärtigt man sich zugleich die üble Wirkung, die die Privilegierung der Duellanten gegenüber der Strenge, mit der Gesetzes-

---

[1]) Worte des verstorbenen Strafrechtslehrers Merkel.

verletzungen an den Socialisten geahndet werden, ausüben muß, so wird man an das Wort[1]) erinnert: „Ein Staat kann die schwerste Niederlage im Kriege, aber niemals die Zersetzung des Rechtsbewußtseins seiner Bürger ertragen." Die Beseitigung des Duells ist endlich eine sociale Forderung. Die Duelltheorie und die staatliche Privilegierung der Duellanten bilden die schreiendste sociale Ungerechtigkeit.

Der heutige Staat tritt mit dem Anspruch auf, für Religion, Ordnung und Recht, für die nationale Idee, für sociale Gerechtigkeit zu kämpfen. Wenn er trotzdem das Duell duldet, ja sogar schützt, pflegt und erzwingt, so gerät er in peinlichen Widerspruch mit sich selbst, der jeden seiner weiteren Schritte lähmt.

Man klagt heute über die Zunahme des Anarchismus. Man macht Gesetze gegen den Umsturz. Wodurch unterscheiden sich denn aber die Duellanten zu ihrem Vorteil von den Anarchisten? Der Anarchismus hat in Deutschland nicht den zehntausendsten Teil der Menschenleben gefordert, die das Duellwesen hinweggerafft hat. Dieses stellt ebenso (wenn auch nur in einem Punkte) eine Auflehnung gegen die Rechtsordnung dar wie jener. Der Anarchismus hat freilich etwas sehr wichtiges voraus: er richtet sich auch gegen das Vermögen. Das ist offenbar der Grund, weshalb manche Personen, die dem Duellwesen eifrig das Wort reden und von ihm auch praktischen Gebrauch machen, auf der anderen Seite die Gefahren des Anarchismus und des Socialismus in den schwärzesten Farben malen. Darf man von diesen behaupten (was die Duellanten von sich rühmen), daß ihnen die Ehre über das Leben gehe? Man sieht nur so viel, daß ihnen wichtiger als das Leben der Geldbeutel ist. Unter diesem Zeichen aber, d. h. als ein Kampf für den Geldbeutel, wird der Kampf gegen den Anarchismus und ebenso gegen den Socialismus so lange geführt werden, als gleichzeitig das Duellwesen gehegt und gepflegt wird. Die Stellung des Staates, der die empörende Ungesetzlichkeit und Unsittlichkeit des Duellwesens protegiert, ist jedoch keineswegs blos wegen seines Kampfes gegen Anarchismus und Socialdemokratie prekär. Das ist noch keineswegs die Hauptsache. Der staatliche Duellzwang ist vor allem eine Beleidigung der deutschen Nation und ihrer heiligsten Gefühle. Und wenn das deutsche Volk einmal zu der Überzeugung gelangt, daß der von staatlichen Organen ausgeübte Druck das eigentliche Hindernis der Verwirklichung seiner religiösen, nationalen, sittlichen, rechtlichen, socialen Grundsätze in

---

[1]) Von F. v. Liszt.

einer wichtigen Frage ist, so wird die Autorität der Regierung dadurch zum tiefen Schmerze ihrer wahren Anhänger beeinträchtigt werden.

Die Regierung muß also aus eigenstem Interesse ihre bisherige Stellung aufgeben; gerade ihre wahren, ihre treuen Anhänger fordern es. Und sie muß ihre bisherige Stellung sogleich aufgeben. Es haben sich freilich Stimmen gefunden, die einer allmählichen Beseitigung des Duellwesens das Wort reden; die eine Besserung der Zustände zunächst von der Aufklärung der öffentlichen Meinung erwarten. Diejenigen, die so sprechen, machen sich die Lage der Sache wohl nicht klar. Soll denn der Staat inzwischen ungestört durch seine Presse das Duell verteidigen, seinen Duellzwang in der rücksichtslosesten Art ausüben, jedes Jahr hunderten von Offizieren und Reserveoffizieren den Mund schließen, sie zwangsweise zu Anhängern der Duelltheorie erziehen und auch wieder eine Anzahl Menschenleben dem Moloch des sog. „Ehrencodex" opfern dürfen? Gewis bedarf es der Aufklärung der öffentlichen Meinung. Allein alle Erörterungen, alle Agitationen müssen sich auf den einen Punkt der Aufhebung des staatlichen Duellzwanges richten. So lange er besteht, ist der Kampf zu ungleich.

Der deutsche Reichstag hat kürzlich einen allgemein gehaltenen Beschluß gegen das Duellwesen gefaßt. Sein nächster Beschluß muß und wird auch zweifellos seine Spitze gegen den staatlichen Duellzwang richten. Bis dahin wird die Agitation gegen das Duell sich ganz vornehmlich eben auf diesen Punkt zu concentrieren haben. Die Pflicht der Agitation und zwar der energischen Agitation wird aber allen denen obliegen, welche den Standpunkt vertreten, daß man die Worte Religion, Vaterland, nationale Idee, Sitte, Sittlichkeit, Recht, sociale Gerechtigkeit nicht blos im Munde führen, sondern mit ihnen auch Ernst machen muß. Und wer für diese idealen Güter einzutreten entschlossen ist, der darf auch ein Martyrium nicht scheuen.[1])

---

[1]) In dem viel citierten und im übrigen trefflichen „Eingesandt", das ein Abliger in der „Kreuzzeitung" vom 3. April 1896 veröffentlichte, findet sich folgender bedenkliche Satz: „Zum Märthrer der noch herrschenden äußerlichen Ehrbegriffe fühlt sich so leicht niemand berufen." Das ist doch bedauerlich, daß sich so wenig Märtyrer finden! Mag der staatliche Duellzwang noch so rücksichtslos gehandhabt werden, man muß ihm doch widerstehen. Die „Schlesische Zeitung" schrieb im April 1896: „Zur Ertragung einer solchen Verkennung ihres Verhaltens werden nur wenige, sittlich hochstehende Persönlichkeiten die Kraft besitzen. Das ändert aber nichts an der Tatsache, daß das Duell dem christlichen Sittengesetze widerspricht, und daß derjenige, der für seine christliche Überzeugung zu leiden nicht im Stande ist, auf den Namen eines geläuterten Christen keinen Anspruch erheben darf." Hoffen wir, daß die Zahl solcher sittlich hochstehenden Persönlichkeiten sich mehrt!

Sanctus amor patriae dat animum! Der Charakterfestigkeit wird der Sieg gehören.[1]

Es giebt aber noch einen weit einfacheren Weg zur Beseitigung des Duellzwangs als eine umfassende Agitation und Beschlüsse des Reichstags. Der monarchisch gesinnte Deutsche erwartet von seinem Monarchen, daß er das, was sich als politische Notwendigkeit herausstellt, vorweg nimmt, sich nicht erst vom Volke abtrotzen läßt. Auch heute erwarten weite Kreise der Nation eine kühne Mannestat des deutschen Kaisers, welche das Unwesen aus der Welt schafft. Wir schließen uns diesen Erwartungen und Wünschen an, indem wir die Worte wiederholen, die kürzlich ein deutscher Historiker bei einem anderen Anlaß gesprochen hat: „Wir geben die Hoffnung nicht auf, daß die wahre und große preußische Tradition endlich die Oberhand gewinnen und das preußische Königtum seinen Ruhm als Reform-Königtum bewahren wird."

---

[1] Im Januar 1896 ging folgende Notiz durch die Zeitungen: „Ein sehr erfreuliches und erfolgreiches Zeugnis gegen das Duellunwesen hat vor kurzem der Pastor Schäder in Lehe bei Geestemünde abgelegt. In einer Leichenrede, welche derselbe in seiner Eigenschaft als Militärseelsorger am Grabe eines im Duell gefallenen Corvettencapitäns hielt, beleuchtete er vom christlichen Standpunkte aus das Duell und verurteilte es ebenso ernst wie entschieden. Die Folge davon war, daß die Militärbehörde dem Pastor Schäder die Militärseelsorge entzog. Als sich jedoch unter diesen Umständen keiner der übrigen Geistlichen in Lehe, Geestemünde und Bremerhaven dazu verstehen wollte, in Schäders Stelle zu treten, mußte die Militärbehörde an letzteren die Bitte richten, das Amt eines Militärgeistlichen wieder zu übernehmen, und er entsprach dieser Bitte. Daß auf diese Weise durch die Festigkeit der hannoverschen Geistlichen die christliche Beurteilung des Duells einen entschiedenen Sieg errungen hat, muß sehr hoch angeschlagen werden." Man sieht: die Militärbehörde „kann auch anders". Man muß nur mit der nötigen Festigkeit auftreten. Vgl. hierzu Wiesinger, „Das Duell", S. 175 fg.

Nachtrag.

General v. Boguslawski über das Duell.

Meine vorliegende Schrift hatte ich bereits vollendet, als die Broschüre des Generals v. Boguslawski: „Die Ehre und das Duell" (Berlin 1896, 98 Seiten) erschien. Ich habe ihre Ausführungen nur an einer Stelle (S. 42) noch verwertet.

Eine Kritik der v. B.'schen Broschüre habe ich in der „Zukunft" vom 5. September 1896 veröffentlicht und daselbst das Urteil näher begründet, daß sie zu viel Wert auf Nebendinge legt und auf die entscheidenden Punkte zu wenig eingeht. Außerdem leidet sie an der Tendenz, nach Möglichkeit die Stellung der früheren preußischen Monarchen als dem Duell günstig zu schildern. In diesem Bestreben setzt v. B. sich mehrfach mit den Tatsachen in Widerspruch. Er verschweigt vor allem vieles. So erfährt der Leser seiner Schrift z. B. gar nicht, wie absprechend sich Friedrich der Große über das Duell geäußert hat. Man vergleiche seine Darstellung mit unseren obigen Mitteilungen, und man wird sich der Überzeugung nicht erwehren können, daß er tendenziös schreibt. Nicht schön ist es ferner, daß er (S. 70 und 74) denjenigen, die über das Duell anders urteilen als — nach seiner Darstellung! — dieser oder jener preußische Monarch, den Vorwurf mangelnder Ehrfurcht vor den Monarchen macht. Es wäre sehr verhängnisvoll, wenn es Sitte würde, daß jemand, dessen Position gefährdet ist, sich dadurch zu helfen sucht, daß er seinen Gegnern den Vorwurf mangelnder Ehrfurcht vor den Monarchen macht. Wie stehen aber die Tatsachen im vorliegenden Falle? v. B. verurteilt diejenigen aufs schärfste, die das Duell „Mord" nennen; er wirft denen, die den sog. Ehrencodex als etwas fragwürdiges bezeichnen, „Oberflächlichkeit" u. s. w. vor. Wer hat denn aber die Duellanten meurtriers genannt? Wer den sog. Ehrencodex fausses opinions? Wer hat von der mode barbare gesprochen? Das war — Friedrich der Große! Herr v. B. hat also allen Grund, sich selbst davor zu hüten, daß er nicht die Ehrfurcht vor den Monarchen verletzt!

Man erweist der Monarchie einen sehr schlechten Dienst, wenn man den Glauben zu erwecken sucht, daß die Monarchen sich günstig zum Duell gestellt haben, und der ist ein sehr schlechter Ratgeber, welcher den König auffordert, das Duell nach Möglichkeit zu begünstigen. Die Idee der Monarchie verlangt die Beseitigung des Duells, und diejenigen Monarchen erfüllen das monarchische Ideal am vollständigsten, die dem Duell energisch entgegengetreten. Es macht einen Teil des Ruhmes der preußischen Monarchie aus, daß die meisten preußischen Monarchen, ihre wahre Aufgabe erkennend, das Duell mit Entschiedenheit bekämpft haben. Und es ist andererseits ganz gewiß kein Zufall, daß derjenige preußische König, der sich dem Duell am günstigsten gezeigt hat, gerade Friedrich Wilhelm II. ist!

S. 69 erklärt v. B. es für „eine ganz falsche Ansicht, daß das Ehrengericht auf Duell erkennen oder der Ehrenrat als solcher ein Duell anordnen könne". Indessen handelt es sich hier tatsächlich im wesentlichen nur um einen Wortstreit. v. B. giebt selbst hinterher zu, daß das Ehrengericht jene Wirkung wenigstens indirect ausübt.

Die Darstellung, welche Herr v. Boguslawski von der Entstehung und der älteren Geschichte des Duells giebt, ist ganz unrichtig. Dagegen finden sich in seinen Ausführungen über die neuere Zeit einige die Forschung fördernde Bemerkungen. — S. 81 bemerkt v. B., daß „ein Blick eine der schwersten Kränkungen bedeuten" und „eine Bewegung der Hand anzeigen kann, daß ein Mangel an Wahrhaftigkeit vorausgesetzt wird", und daß gegen „solche Kränkungen . . . sich das Duell als eine Form der geregelten Selbsthilfe darbietet". Vgl. dazu oben (S. 12) den Fall mit dem Kettenhund. Gehören Duelle aus solchem Anlaß nicht zu den „sinnlosen" (vgl. v. B. S. 86)? — Ein eigentümliches Geschick hat es gewollt, daß v. B., der über die dem Duell abgeneigte „Philosophie" und „Humanität" mehrmals spöttelt, seine Hauptargumente für das Duell den (übrigens recht schwachen) Ausführungen eines modernen — Philosophen entlehnt! — Anerkennenswert ist andererseits, daß Herr v. Boguslawski die „ernsten Conflicte zwischen Ehrencodex und Beamtenpflicht" zugiebt (S. 70).

Ich verweise bei dieser Gelegenheit auch noch auf meinen Aufsatz: „Bismarcks Duelle" in der „Zukunft" vom 4. Juli 1896, worin ich auseinandergesetzt habe, daß auch die Stellung Bismarcks zum Duell zeigt, daß das Duellwesen dem deutschen Geiste fremd ist.

In demselben Verlage erschien:

Das Duell
und
der germanische Ehrbegriff

von

Dr. Georg von Below,
ord. Professor der Geschichte.

Preis 1 Mark.

Urteile der Presse.

„**Akademische Rundschau**": „Von allem, was in dem neu entbrannten Kampfe um das Duell gegen dasselbe gesagt worden ist, scheint mir die vorliegende Schrift die fruchtbarste und wirksamste zu sein."

„**Deutsches Adelsblatt**": „Herr v. B. weist mit gründlichster Kenntnis der Geschichte und Litteratur des Mittelalters überzeugend nach, daß die alte deutsche Geschichte das Duell gar nicht kennt, und daß weder der altdeutsche gerichtliche Zweikampf, noch das Fehderecht, noch das Turnier irgend etwas mit dem Duell zu thun gehabt haben."

„**Academia**": „Das Werk, mit seinen überraschenden Ergebnissen, ist frisch und anregend geschrieben.... Die Schrift hat seit ihrem Erscheinen berechtigtes und stets wachsendes Aufsehen erregt."

„**Gegenwart**": „v. B. gewinnt eine neue Handhabe in der ethischen und religiösen Beleuchtung des Duells; er sagt einmal etwas anderes als das Althergebrachte. Und er thut das nicht in aufgebauschter sensationeller Weise, sondern in der ruhig vornehmen Art des Gelehrten."

„**Weser-Zeitung**": „Der Verfasser unserer Schrift, Professor an der Akademie in Münster und als scharfsinniger Forscher auf dem Gebiete der Verfassungs- und Rechtsgeschichte allgemein bekannt, unterzieht das Duell einer historischen Untersuchung.... v. B.'s Nachweise sind unantastbar. Hoffentlich werden sie auf die beteiligten Kreise Eindruck machen."

„**Kölnische Zeitung**": „Durch eine Reihe gewichtiger Gründe erschüttert der Verfasser die allgemein geltende Ansicht, daß das Duell einen germanischen und ritterlichen Ursprung habe."

„**Kölnische Volkszeitung**": „Die Lectüre kann allen, mögen sie auf dem Standpunkte der „Satisfaction" stehen oder nicht, angelegentlichst empfohlen werden. Wegen seiner verfassungsgeschichtlichen Arbeiten genießt v. B. in Fachkreisen ein wohlverdientes Ansehen; mit seiner Abhandlung über das Duell wendet er sich zum ersten Male an alle Gebildeten, und er wird um so mehr auf ihr Interesse rechnen dürfen, als gerade in unsern Tagen mehr denn je das Duell die Aufmerksamkeit auf sich zieht."

„**Zeitschrift für katholische Theologie**": „Nach fast allgemeiner Anschauung ist das moderne Duell ein Überrest aus dem Mittelalter.... Diesem Irrtum gegenüber ist zu betonen, daß das moderne Duell mit dem eigentlichen Mittelalter nichts zu schaffen hat, daß es ferner nicht deutschen, sondern romanischen Ursprungs ist.... Den Nachweis hierfür hat Georg von Below, Professor der Geschichte in Münster, erbracht, in einer Schrift: Das Duell und der germanische Ehrbegriff......."

„**Militärzeitung**": „Gerade in unseren Tagen ist diese Schrift recht geeignet, Aufsehen zu erregen und verdient gelesen zu werden. Der Herr Verfasser, welcher Professor der Geschichte an der Akademie zu Münster i. W. ist, giebt eine klare Darstellung der geschichtlichen Entwicklung des Duells und hat hiermit ganz entschieden eine fühlbare Lücke in der so reichen Litteratur über den Zweikampf ausgefüllt.......

Das Schriftchen ist lesenswert für jeden, mag er ein Anhänger oder Gegner des Duells sein....."

In ähnlicher Weise haben, vielfach in ausführlichen Leitartikeln, auf die Wichtigkeit der Schrift aufmerksam gemacht:

„Preußische Jahrbücher", „Zukunft", „Grenzboten", „Nation", „National-Zeitung", „Vossische Zeitung", „Kreuz-Zeitung", „Volk", „Tägliche Rundschau", „Leipziger Zeitung", „Reichsbote", „Straßburger Post", „Berliner Tageblatt", „Münchener Neueste Nachrichten", „Königsberger Hartungsche Zeitung", „Posener Zeitung", „Itzehoer Nachrichten", „Emdener Zeitung", „Rheinischer Courier", „Neue Stettiner Zeitung", „Neue Westfälische Volkszeitung", „Grazer Tagespost", „Deutsche Tageszeitung", „Fränkischer Courier", „Vaterland" (Wien), „Berliner Fremdenblatt", „Hannoversches Tageblatt", „Schlesische Volkszeitung", „Staatsbürger-Zeitung", „Neue Würzburger Zeitung", „Braunschweiger Landeszeitung", „Hamburger Freie Presse", „Hamburger Correspondent", „Hamburger Fremdenblatt", „Westdeutsche Zeitung", „Leipziger Volkszeitung", „Volkszeitung" (Berlin), „Leipziger Tageblatt", „Akademische Monatshefte" (Organ der deutschen Corpsstudenten), „Burschenschaftliche Blätter", „Akademische Rundschau", „Allgemeine Deutsche Universitätszeitung", „Österreichisches Litteraturblatt", „Social-Correspondenz", „Historisches Jahrbuch der Görres-Gesellschaft", „Evangelisch-lutherische Kirchenzeitung", „Neue Züricher Zeitung", „Katholisches Vereinsblatt" (Wien), „Süddeutsche Landpost", „Badischer Landbote", „Die Hilfe"
und viele andere Zeitschriften und Zeitungen.

Druck von Friedr. Scheel, Kassel.